KB161951

트라우마에 갇힌 사람들

미술과 모래놀이를 통해 잃어버린 나를 찾다

트라우마에 갇힌 사람들

문채련 지음

이담
Books

　사람들은 생활하면서 여러 경험들을 하게 된다. 트라우마는 재해를 당한 뒤에 생기는 비정상적인 심리적 반응으로 외상에 대한 지나친 걱정이나 보상을 받고자 하는 욕구 따위가 원인이 되어 외상과 관계없이 우울증을 비롯한 여러 가지 신체 증상이 나타난다. 그것은 연결의 상실, 즉 우리 자신과 몸, 가족, 타인 그리고 우리를 둘러싼 모든 것에 보이지 않게 영향을 미쳐 자존감, 자신감, 삶에 대한 만족감 및 소속감 상실 등의 변화를 보인다(Peter A. Levine, 서주희 역, 2019).

　상담을 하면서 내담자가 상담을 받는 자체를 이해하지 못하는 경우를 보게 된다. 해결되지 못하고 내면에 쌓여 있던 알아차리지 못했던 사건들로 힘들어 찾아왔음을 알 수 있었다. 트라우마는 그것의 원인이 무엇이든 간에 트라우마로 커다란 재해에서만 생기는 것이 아니라 일상적인 유발 사건에서도 트라우마로 남는다는 것을 알게 되었다.

이 책에서는 크고 작은 트라우마 속에 갇혀 이런 상황에서 벗어나고자 하는 내담자들이 내린 앵커링에서 다시 닻을 올릴 수 있는 힘을 가질 수 있도록 나누었던 이야기를 본인들의 허락을 받아 이곳에 옮겨본다. 또한 이 책에 올린 그림과 소품, 작업한 작품들은 제자들의 것입니다. 그분들께 감사의 말씀을 올립니다.

2020년 11월 연구실에서

목 차

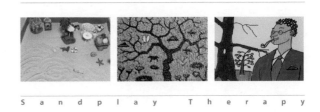

S a n d p l a y   T h e r a p y

제1장

우리 인생의 앵커링
(Anchoring)

인생각본

에릭 번(Eric Berne)

누구나 자신이 살아갈 이야기를 써 나간다.

출생하면서부터 쓰기 시작하여 네 살 무렵

기본 줄거리를 결정짓고, 일곱 살쯤 되어

각 부분의 주요 내용을 완성시킨다.

열두어 살쯤까지 다듬어 나가면서 이것저것

부수적인 것들을 추가한다.

청년기에 와서는 실생활에 맞도록 업데이트시켜

수정한다.

어른이 되고 나면 이야기의 처음 부분은 거의

기억에서 멀어진다.

비록 당시를 기억할 수는 없지만,

그때 쓴 이야기에 따라

삶을 살아간다.

사람들은 많은 일들을 겪으면서 상처 입은 마음을 인생길에 앵커링 한다. 그러고는 고해의 바다에 내려진 닻을 끌어 올려 무엇인가를 찾아 새로운 여정을 시작하기도 한다.

어떤 사람은 어린 왕자가 갔던 길을 따라 뜨거운 태양과 모래 폭풍 속으로 길을 잃어 가면서 나를 찾아 떠났다가 정체감에서 빠져나와 스스로 다시 방향키를 잡는다.

우리는 특정한 때나 특정 사건에서 어떤 음악이 들리고, 특정한 냄새가 나는 경험을 한 적이 있을 수 있다. 이런 종류의 경험을 '앵커(닻)'라 한다. 놀랍게도 우리의 마음은 재빨리 되돌아간다. 좋은 경험은 긍정적으로 되돌리고, 나쁜 경험은 부정적으로 되돌린다(Philip Miller, 김영순 역, 2010).

'Anchoring'이란 사람의 내적인 어떤 행위나 상태, 경험에 부착시키는 것을 의미한다(백영훈, 2012). 핵심은 특정한 자극에 의식하지 않고 감정을 무의식적·자동적으로 발생시키는 것을 말한다.

01

어머니에게 내린 앵커링

창밖에 가지가 꺾일 것처럼 휘어지는 바람을 보고 놀라고 가슴이 슬퍼진다. 이 바람에 '엄마는 어떻게 하고 있을까?' 갑자기 엄마한테 가야 할 것 같아 '엄마, 기다려. 빨리 내가 갈게.' 입 속으로 혼잣말을 하고 연구실을 나섰다. 바람이 얼마나 세게 부는지 날아갈 것 같았다. 차로 20분 거리에 엄마가 잠들어 있는 곳으로 갔다. '엄마, 괜찮아? 밖에 바람이 세게 부는데 엄마 있는 곳은 어때?' 묻고는 다시 '엄마, 하늘나라도 바람이 불지?' '많이 걱정됐잖아.' 아, 하늘나라는 바람도 비도 눈도 없는 곳인데 나는 왜 이렇게 놀라고 가슴이 아픈지 모르겠다. 어린 시절 할머니 손에 자라면서 저녁이 되어 해가 질 무렵이면 창밖을 내다보고 엄마를 보고 싶어 했던 그리움이 내 안에 트라우마로 남아 닻을 내리고 있는 것 같다.

02

엄마, 다녀왔어요!

깜깜한 밤 닫힌 문에 열쇠를 넣어서 문을 연다. 현관으로 들어서며 '엄마, 나왔어!' 하며 불을 켠다. 거실 벽에 걸려 있는 아이들 어릴 적 사진, 그리고 큰딸 결혼 때 찍은 가족사진이 나를 반기지만 엄마 사진은 벽 어디에도 없는데 집에 오면 나는 엄마와 이야기한다. TV에 전원을 넣고는 '오늘 대학원에서 딸 같은 애들이 랑 공부하느라 힘들었어요. 박사는 왜 하냐고? 그냥 하는 거지.' 이런저런 얘기를 옷을 갈아입으면서, 주방에 가서 물을 마시면서 계속 지껄인다.

어릴 때 어머니와는 애착관계가 형성되지 못했다. **'육이오 한국전쟁'**으로 아버지를 잃고 우리 삼 남매와 할머니, 이렇게 어머니에게 남겨졌다. 오빠와 여동생은 엄마가, 할머니는 나를 맡아 키우셨다. 초등학교를 졸업하면서 중학교는 엄마한 테로 가서 다니라고 할머니는 나를 보내셨다. 행상을 하면서 힘겹게 남매를 기르시던 엄마는 나를 보자 돈을 벌어 오라고 신발공장에 보냈다. 그곳은 나 같은 14살 마른 소녀에게는 힘에 부치는 곳이었다. 거기서 일하는 언니들이 너는 어려서 안 된다고 집으로 가라고 하여 하루 만에 집으로 왔다. 집에 오면서 하늘을 보고 '하나님, 중학교 가고 싶어요. 보내 주세요.' 하고 혼잣말을 했다. 하나님이 내 얘기를 들으셨는지 다음 해에 학비가 없는 고등공민 중학과정에 다닐 수 있게 되었다. 너무 신기했다. 하나님이 내 얘기를 들어주셨네! 그때부터 나는 어떤 어려운 일이 생기면 하늘을 보고 하나님과 대화하는 습관이 생기게 되었다. 중학교 졸업을 하고 엄마는 나를 데리고 동대문시장 옷가게에 취직시켜 주었다. 가게에서 오는 손님을 맞는 일을 하던 중 남자아이가 어느 할머니 가방에서 돈뭉치를 꺼내는 장면을 목격하고 "할머니, 가방 보세요."라고 소리쳐 세 명의 소매치기들이 성공을 못 하고 달아나게 되었다. 그들이 나를 보고 가만두지 않겠다고 위협하고 달아났다. 이웃 가게 주인들이 내게 와서 "너 빨리 짐 싸 가지고 집으로 가라. 우리는 그런 장면을 봐도 모르는 척하는데 그 애들이 네 얼굴을 확인하고 갔으니 언젠가 와서 칼로 너의 얼굴을 그을지 모른다." 하며 이웃한 가게 사장님이 나를 차에 태워 서울역까지 데려다주면서 빨리 기차 타고 가라고 고맙게 돈을 내 손에 쥐어 주었다. 보따리를 들고 집에 들어섰다. 엄마는 나를 보고 깜짝 놀라면서 화를 내고 소리 지른다. "거기를 얼마나 힘들게 부탁해서 구한 자리인데." 기가 질린 나는 그날 이후 방에서 죽은 듯 지냈다. 또 하나님께 말씀드렸다. '학교 가고 싶어요.' 여름방학 기간이던 어느 날 고등학교 과학 선생님이었던 이웃 아저씨가 '나를 따라가자.' 하면서 신설 고등학교에 장학생으로 입학시켜 주셨다. 그 선생님이 동네 초등학생들을 모아 과외 공부를 할 수 있도록 도움을 주셨다. 그 이후 나는 줄곧 아르바이트로 학비를 벌어서 고등학교를 마칠 수 있었다. 엄마는 돈은 벌지 않고 공부한다고 전등을 켜지 못하게 하여 학교에 일찍 가서 숙제와 그날에 있는 과목들을 예습하였다. 학교 가는 길에 남자 중고등학교 스피커로 '소녀의 기도'가 매일 나왔다. 그 음악을 들으며 미래를 꿈꾸며 나를 키웠다. 이것이 왜 공부하는지에 대한 답일 듯했다.

어머니가 돌아가신 후 '어머니'라는 단어만 떠올려도 가슴이 더운 기운으로 차오른다. 꽃이 폈는데!, 비가 오네!, 단풍이 아름다운데! 이럴 때 나는 엄마 찾아 납골당을 찾아간다. '엄마, 나 왔어.' 하고 이야기하다 집에 온다. 엄마가 나만 두고 가 버렸다는 어린 시절의 트라우마 닻을 지금 어머니에게서 걷어 올리려 하고 있는 중이다.

03

옷 사러 가야지

　내가 눈 감을 때 가슴속에, 눈 속에 있던 내 어머니도 같이 눈을 감는다. 우리는 그 어머니에게 일 년에 한 번 가슴에 꽃을 달아드린다. '어버이 살아 실제 섬기기 다하여라.'라는 구절을 우리는 고전에서 배웠다. 그러나 그것은 책 속에서 살아 있는 글인 것이다. 인터넷에서는 부모님께 보내는 꽃바구니들이 화면을 장식하고 있다. 그러나 '이고 진 저 늙은이 짐 벗어 나를 주오 / 나는 젊었거늘, 늙기도 설어라커든 짐조차 지실까' 하는 것처럼 꽃 한 송이보다 이고 진 짐 벗겨드리고, 고향 집에서 전화로라도 소식 주기를 기다리시는 어머니께 "어머니, 저 왔어요." 하고 찾아뵙고 즐거웠던 옛이야기로 행복을 드리고 싶다고 생각하고 어머니에 대한 앵커링(닻)을 내린다. 그러던 어머니는 이제 내 곁으로 오셔서 기관에 계신다. 젊은 날 고생을 많이 하셔서 걷지를 못하시고 누워만 계시게 되어 좋다는 시설을 찾아 어머니를 요양원에 모시게 됐다. 요양원 뜰에는 사계절 꽃이 핀다. 그곳으로 엄마를 찾아가면서 나는 늘 같은 노래를 입 속으로 부르면서 들어간다.

'엄마 엄마 이리와 요것 보셔요.
병아리 떼 뿅뿅뿅뿅 놀고 간 뒤에 미나리 파란 싹이 돋아났어요.
미나리 파란 싹이 돋아났어요.'

이 동요를 계절과는 아무 상관없이 입 속으로 엄마를 부르는 나의 노래다. 젊어서 씩씩했던 어머니의 모습은 어디 가고 걷지도 못하고 마른 얼굴에 심기가 불편해 보이는 표정으로 침대에 누워계신다. 이 요양원에서 최고령이면서 요양원에 입소한 지 여러 해째다. 너무 고생을 많이 하셔서 일찍부터 관절이 망가지셨다. 오빠는 환갑을 몇 달 앞두고 당뇨 합병증으로 사랑하는 엄마를 두고 떠나갔다. 눈을 감기 전에 엄마를 쳐다보며 눈물을 흘리면서 눈을 감았다고 엄마가 그 장면을 담담하게 말씀하셨다.

엄마에게는 공부 잘하고 잘생긴 오빠 외에는 자식이 없었다. 나는 어려서 '우리 엄마 맞아?'라고 생각하면서 청소년기를 보냈다. 주위에서 학교에 가고 싶어 하는 여자아이가 있다는 소문을 들은 어느 고등학교 선생님이 학교에 데려다 공부할 수 있는 여건을 만들어 주신 덕분에 학교에 다닐 수 있었다. 중학교 교복바지를 미제 구호물자인 사지 양복바지를 수선하여 고등학교 3학년까지 입게 되었다. 운동장 조회에 반장이라서 앞에 서게 될 때 부끄럽고 자존심이 매우 상했던 것은 잊을 수 없는 트라우마로 남아 있다. 우리 아이들이 '엄마 옷 또 샀네!'라고 말하면서 '엄마 옷이 베란다를 가득 채웠어.' 한다. 그래도 나는 '세일'이라고 하면 또 백화점으로 간다. 학창 시절 작고 볼품없는 옷을 입고 누구에게도 보이기 싫었던 트라우마가 옷에 집착하게 만들었나 보다.

엄마에게 인생의 전부였던 오빠가 돌아가신 후 식음을 전폐하실 줄 알고 걱정을 많이 했다. 그러나 어머니는 아무렇지도 않다는 듯 평상심을 잃지 않아서 놀랐다. 가족들은 어머니의 표정을 계속 살펴보았다. 엄마가 감정이 없이 그렇게 사랑하던 아들의 죽음을 담담하게 받아들이는 것은 아마도 그 옛날 아버지를 잃었을 때, 엄마의 모든 감정들이 이미 다 타 버리고 감성의 샘을 닫아 버리셨기 때문에 아들을 떠나보내는 슬픔은 아무 의미를 갖지 못한 것이 아닐까 생각해 봤다. 여동

생이 폐암으로 죽었을 때도 엄마는 무덤덤한 표정으로 '그래, 죽었다고? 아프면
먼저 가야지!' 하셨다.

04

엄마, '매실청' 내년에는 안 해다 줄 거야!

　여동생은 몇 년 전 매실청을 등에 지고 손에 들고 뒤로 자빠지는 모습으로 엄마 집에 왔다. 우리 가족의 몫으로 다섯 병, 엄마 드시라고 두 병, 모두 일곱 병을 가지고 안산에서 버스를 갈아타면서 청주까지 온 것이다. 병을 앓고 있어서 다리가 부러질 것 같은 몸으로 그 무거운 것을 짊어지고 온 것이다. 자식이 없는 관계로 조카(우리 애들)들 것까지 십여 년을 챙겼다. 숨을 헐떡이며 털썩 앉는다.

　"엄마! 이제 매실청 담지 않을 거야. 너무 힘들어." "그래, 힘들지! 그만해라." 엄마는 안타까워했고 옆에서 보는 나는 너무 미안하고 안쓰러웠다. 그래, 정말 힘들었겠다. 이 무거운 것을 안산 그 멀리서 차를 갈아타고 청주까지 가지고 오다니…

　그렇게 대화를 나누었던 1년 후 동생이 다른 세상으로 간 날 두 시간여 차를 몰고 화성 납골당을 찾아왔다. '엄마, 나 이제 매실 안 담글 거야.' 하던 말이 귓가에서 나를 울린다. 동생은 그 말을 한 다음 해, 매실 효소를 담글 시기에 우리를 떠나갔다. 자식이 없이 떠난 동생을 생각하며 일 년에 두 번, 기일과 추석에 이곳을 찾는다.

　동생이 죽기 몇 달 전 엄마가 대소변을 가리지 못해서 요양원에 들어가셨다. 목사였던 오빠는 당뇨 합병증으로 소천하신 지 13년이 되었기 때문에 동생하고 의논했었는데, 지금은 동생도 하얀 항아리 속에서 웃고만 있다. 내가 어렸을 때, 동생은 나를 무서워했다. 엄마가 무엇이든 동생 편만 들어서 엄마가 없을 때 동생을 쥐 잡듯 한 것이 희어진 머리에 매실청을 지고 이고 엄마 집에 와서도 나를 겁내고 있었다. '나 내년이면 노령연금 탄다!' 하던 동생은 노령연금 타는 해 5월에 타는 달을 몇 달 앞두고 기쁨을 느끼지 못한 채 동생이 좋아하던 할머니, 오빠가 있는 곳으로 다시는 돌아오지 못하는 강을 건너갔다.

05

5월은 가정의 달

'5월은 가정의 달.'

어린이날이 있고, 어버이날이 있고, 스승의날이 있어 이달 가계부는 몸살을 앓고 있다. 아이들에게는 장난감을 사 주고 우리는 카네이션 꽃바구니를 받았다.

'우리는 가슴에 꽃을 달 만큼 아이들을 잘 길렀을까?' 이날이면 '아이들에게 정말 꽃 받을 만한 어머니였는가?' 하고 스스로에게 물어본다. 직업군인인 아들이 멀리 철원에서 휴가까지 내고 다녀갔다. 고속도로가 밀린다는데 부대로 돌아가는 먼 길 힘이 들어 어찌할거나!

어느 지역아동센터에 봉사하러 가서 너희들의 꿈이 무엇인지 써 보라고 했더니 20여 명의 대답이 '꿈이 없어요.'라고 썼다. 우리는 어린아이들에게 그들이 살 세대에서 꿈을 실현할 수 있도록 생각을 키워 줘야 한다. 내가 20대 초반이었을 때, 숀 코네리 주연의 '007 위기일발'이라는 영화를 보게 되었다. 기상천외한 무기들이 등장하여 친구들과 말이 안 된다고 하면서 신기하게 보았던 무기들이 그 후 몇 년이 지나 등장하였다. 2002년 캐나다 여행을 하는데 자동차들이 불을 켜고 달린다. 캐나다 가이드에게 외국에서 귀빈이 오시느냐고 물었다. 가이드가 의아해하면서 왜 그러느냐고 한다. 자동차들이 왜 불을 다 켜고 다니느냐고 물어보았더니 관광 가이드 말이 날이 흐리면 자동으로 불이 들어온다고 해서 신기하게 생각했다. 5년쯤 지나 신차를 구입했더니 캐나다에서 본 것처럼 내 자동차도 어두워지면 자동으로 불이 켜지는 것이었다. 이렇게 세계의 과학이 급격하게 변하고 있는데 우리 어머니들은 그 시대에 머무르고 있지 않은가. 옛날에는 10년이면 강산이 변한다고 하였지만 지금은 1년이 다르게 변하고 있다. 인공지능이 발전을 거듭하여 많은 부분에서 사람을 대신하고 있다. 요즈음 청소년, 젊은 층들은 말을 줄여서 하기 때문에 기성세대는 대화가 되지 않아 단절된 세대에 갇혀 지내고 있다는 생각이 든다. 그렇지만 기성세대는 아이들에게 참고 기다리는 것, 양보할 줄 아는 마음, 질서를 알고, 규율 속에서 자유로움을 배우도록 도와야 한다. 남을 이해하고, 착한 마음으로 어려운 이웃과 나눔을 가질 수 있도록 가르쳐야 한다. 따뜻함과 창조성을 갖추도록 지도해야 할 것이다. 너무 엄격하지도 너무 규율이 없지도 않게 양육해야 한다는 것이 어렵지만 그것을 지켜 주게 되면 아이들은 제 길을 찾아갈 것이다.

'어머니'라는 멋진 이름은 대접받아 마땅하지만, 여자의 일생에서 어머니는 자녀를 잘 길러야 한다는 가장 중요한 과제를 수행해야 한다. 내 아이가 어려서 "엄마, 나 이다음에 커서 뭐 될까?"라고 하면서 꿈꿨던 그 꿈을 이룬 후 어버이날 달아 주는 카네이션을 받아 달 때 진정 기쁨이 있을 것이다. 행사가 많은 달, '5월은 가정의 달.' 우리는 이달처럼 일 년 열두 달 모두에서 아이와 놀아 주고 부모님을 찾아뵙고 말동무가 돼 주어야 하는 달이기를….

흙수저

지나가는 길에 임대아파트 마당에서 장난치며 뛰어노는 아이들을 본다. 아마도 그들을 가리켜 슬프지만 '흙수저'라고 부르는 것 같다.

나는 언제부터 흙수저였는가.

어렸을 때 비탈길을 올라가면 바다가 보이는 인천 어느 산동네에 살았다.

내가 네 살 때 육이오가 일어나 아버지는 당시 극작가라는 직업으로 납북되어 가셨다고 한다. 같이 끌려갔다가 살아 온 친지에 의해서 인민군이 개성을 지나 눈이 쏟아지고 땅이 얼어 포로들을 끌고 가기에 힘에 겨웠던 중공군들은 포로들을 총으로 쏴서 모두 죽이고 죽은 시체를 구덩이를 파고 거기에 묻었는데 아버지도 같이 땅에 묻혔다고 어머니께 전했다고 들었다.

이때 내 어머니는 27살이었다. 어려서 일하는 사람에게 업혀 유치원을 다녔을 정도의 경제적 여유를 누리며 성장했다는 어머니! 힘든 상황에 적응이 어려웠던 어머니는 사는 것이 힘겹다며 어린 우리들에게 돈을 벌어 오라고 하였다. 오빠는 초등학교 졸업을 하고 인천 연안부두에 좌판을 벌여 생선을 팔았다. 그때는 육이오가 끝났지만 모두 먹을 것이 없어서 미군 부대에서 나오는 음식물 찌꺼기를 서로 먹으려고 했던 때였다. 우리는 이때 치즈, 식빵, 아이스크림 등을 먹어 보았다. 초등학교 6학년 오빠의 담임선생님이 공부를 너무 잘해서 아깝다고 생각한 선생님이 오빠를 딱하게 여겨 중학교를 진학할 수 있도록 도와주어 학교를 다니게 되었다. 오빠는 성장한 후 나에게 소풍 가서 도시락을 먹지 못하고 그냥 가지고 왔던 이야기를 '도시락 뚜껑을 열었는데 반찬이 새우젓만 있어서 뚜껑을 닫고 점심을 굶었다.'고 여러 차례 말했던 기억이 있다. 가난이라는 닻을 끌어 올리지 못한 오빠는 '흙수저'라는 트라우마에서 평생을 벗어나지 못하고 자기 그림자 속에 살다가 60세에 본인이 추구하는 하나님의 넓은 세상으로 돌아오지 못하는 강을 건너 떠나갔다. 나랑 같이 슈베르트의 '성문 앞 우물곁에 서 있는 보리수'를 부르던 오빠는 내 슬픔을 외면한 채 가 버렸다.

비(雨)

2020년 여름은 장마가 길었다. 지인을 태우고 점심을 먹기 위해 식당 주차장에 차를 세우려고 하는데 내 차가 뒤로 밀려 기는 것 같아 지인에게 "내 차가 자꾸 뒤로 밀리고 있네?" 하고 겁에 질려서 말을 하였다. 지인이 "형님, 차가 잘 주차되었는데요." 한다.

십오 년 전 장마가 시작되던 날 아침 일곱 시쯤 딸네 집을 가기 위해 빠른 길로 하천변으로 내려갔다. 비는 새벽부터 내렸지만 하천을 통제하지 않아 안전할 것으로 생각하고 가는 중 별안간 장대비가 쏟아진다. 조금 지나 하천이 범람하고 앞서가던 작은 차 운전자가 먼저 차를 버리고 뚝 위로 올라간다. 다른 차 주인들도 차에서 내려 위로 올라들 간다. 그러는 동안 15인승인 내 차가 둥둥 뜨더니 물살을 따라 뒤로 흘러간다. 물이 의자까지 차 올라오고 스타렉스 내 차는 뒤로 뒤로 떠내려가면서 차가 돌더니 하천 돌다리에 앞부분이 처박히면서 멎었다. 뚝 위에서 사람들이 이 장면을 구경을 한다. 누가 신고했는지 구조대가 줄을 타고 와서 밧줄로 나를 묶었다. 구조대원이 나에게 꼭 가지고 갈 것만 챙기라고 한다. 그날 나는 도교육청에 낼 서류와 교원대학교 대학원에 지도교수를 만나러 갈 계획으로 수정한 논문을 가지고 있어서 논문과 서류들을 들고 밧줄로 묶인 채로 구조대원들의 도움을 받아 나오게 됐다. 젖은 옷으로 겁에 질려 있는 나를 보고 나이 든 남자분이 집이 어디냐고 하면서 데려다줄 터이니 젖은 옷을 갈아입고 다시 나오라고 한다. 정말 고마워 고맙다고 인사하고 옷을 갈아입고 그 자리로 다시 왔다.

와서 보니 차는 모래로 운전석 위까지 꽉 차 있고 흙탕물과 검은 기름이 둥둥 떠 있고 처참하였다. 저녁이 돼서야 하천 물이 빠지고 크레인이 내 차를 정비공장으로 옮겼다. 나의 애마 스타렉스는 폐차를 하면서 크레인 이용료를 폐차해서 나오는 부속 값으로 제한다 한다. 큰 외상후스트레스를 겪은 경험은 처음 몇 년간 비만 오면 혼자 차를 못 타고 항상 누군가를 차에 태우고 '이 차가 앞으로 잘 가고 있는가?'를 묻는 습관이 있었다. 이렇게 비에 대한 트라우마는 지금도 주차됐던 차가 출발을 하는 것을 보게 되면 '어! 내 차가 또 뒤로 가고 있네.' 하고 놀라 누군가에게 이 차가 잘 주차됐는지 묻곤 한다. 아마도 나는 '비'에 대한 트라우마에 갇혀 평생 살 것 같다는 생각을 한다.

제2장

닻을 올리며

길을 간다

길을 간다

내 길을

터널 같은 인생길을

한 점 불빛을 보며 달렸다

터널을 나와 찾은 불빛

더 멀리

더 높은 곳에서 빛은 비치고 있다

아! 이 길은

어머니의 태동과 함께 뚫린

내 길인 것을

머리 허옇게 돼서야 깨달았지!

- 2014. 어느 날

01

가장 아름다운 것

어느 모임에서 가장 아름다운 것이 뭐냐고 하는 물음에 각기 다른 대답들이 나왔다.

'아가의 웃는 모습', '남을 위해 봉사하는 손', 기타 등등 많은 이야기들이 있었다. 내 차례가 되었다. **밤에 고속도로를 달리는 자동차의 불빛**'이라고 말했다. 모두 놀라는 기색이었다. 청주로 내려오는 고속도로에서 건너편 서울로 올라가는 끝없는 불꽃의 행렬을 본다. 뭔가를 향해 달려가는 에너지들, 뒤도 돌아보지 않고 그저 바쁘게 달리기만 한다. 그것들은 다 어디로 무엇을 하려고 저토록 아름다운 불빛을 날리며 밤안개 속을 달려오고 달려가는가?

저 아름답고 가슴이 뭉클하도록 달리는 정점은 어디이고 나는 무엇을 향해 가고 있는가?

신호에 걸려서 정지해 있는 출근길의 차들.

파란불이 켜지기도 전에 횡단보도를 뛰어 건너는 사람들. 그리고 신호에 따라 좌로 우로 질서 정연하게 움직이는 차들의 모습과 새벽을 밝히려 불을 켜고 달리는 차들 역시 아름다운 예술작품을 감상하는 느낌을 준다.

우리는 모두 한 생명체로 태어나 인생이라는 주어진 길을 따라 정상을 향해 달린다. '성공'이라는 푯대에 기를 꽂겠다고 저마다 끊임없는 도전을 아끼지 않는다. 그 모든 것은 '삶'이란 샘에서 솟는 지칠 줄 모르는 에너지의 원천임을 나는 느낀다.

아이돌 그룹의 노래 가사에 '내가 가는 이 길이 어디로 가는지, 자기가 자신의 길을 만들어 가는지, 나는 왜 이 길에 서 있나, 이 길의 끝에서 내 꿈은 이뤄질지, 무엇이 내게 기쁨을 주는지, 돈인지 명예인지 아니면 사랑하는 사람들인지, 나는 무엇을 꿈꾸는가? 그건 누굴 위한 꿈일까?' 하는 자아 정체감에 빠진 내용도 진정한 삶에 후회를 안 하도록 하기 위함에서 불린 것 같다.

신년 동해의 해돋이를 보기 위해 온 가족이 많은 시간이 걸려 가는 것은 '삶'의 에너지를 충전받기 위함일 것이다.

우리는 인생의 주기(Life Cycle)에서 마침표를 찍기 전까지 목적을 가지고 자아실현을, 아니 자아를 초월하면서 살아 움직인다. 그것은 그 자체가 아름답고 가치 있는 것이다. 이 삶의 에너지는 어둠을 밝히는 불빛으로, 가장 아름다운 것으로 우리를 움직일 것이다.

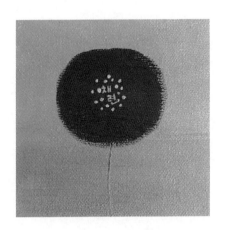

02

나비의 영혼

주혜정(제자의 글)

어느 산부인과 간호사의 양심선언이 이 사회에 큰 충격을 주고 있다.

남자애가 아니라는 이유로 흔적도 없이 한 생명체가 지워져 버리는, 정말 가슴 아픈 일이다. 그 불쌍한 영혼은 나비가 되어 아름다운 향기를 찾아 꽃 수풀로 떠돌겠지.

세상에는 지금 이 순간에도 수많은 생명이 태어나지만 그 생명은 누구의 의지 대로 태어나는 것이 아닐진대 누가 생명의 소중함을 모른단 말인가. 물론 하나님 이 생명을 주셨기에 세상에서 빛을 보았지만 어느 누구도 그 존귀한 생명을 훼손 해서는 안 된다고 생각한다. 부모 자식 간의 인연으로 잠깐 왔다가 때가 되면 떠

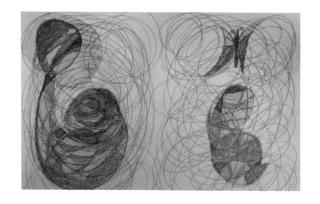

나보내고 떠나가는 한 고귀한 인격체를 우리는 다치지 않게 잘 보살피고 다듬어서 잘 지켜 주어야지….

아이를 나의 개인 소유물로 생각하는 어리석은 인간들로 인하여 우리 사회는 많은 상처를 받고 있다. 지금 이 순간에도 세상에 태어나는 생명들이 있다. 이들 모두 행복하게 자랐으면 좋겠다는 생각을 하지만 그 생명들은 이미 태어날 때 행복할 권리를 가지고 태어난다.

03

희망은 마술을 부린다

밖에 나가자고 떼쓰는 손주를 데리고 아파트 단지 놀이터에 나갔다. 놀이터 한쪽 잔디밭에 클로버가 군데군데 무리 지어 있다. 어린 시절 친구들과 풀숲을 헤치고 네잎클로버를 찾으면서 우리는 내일을 꿈꿨다.

클로버 하얀 꽃을 엮어 화관을 만들어 머리에 쓰고 꽃반지를 만들어 손가락에 끼고는 모래알처럼 많은 사람 중에 누가 내 짝일까? 하면서 웃고, 떠들고 했던 그때, 지금은 우리가 돌아갈 수 없는 순수했던 그 시절을 생각하게 한다. 네잎클로버를 찾으면 행운이 내게 다가올 것으로 생각하고 아마도 행운이 미래의 행복을 가져다줄 것이라고 믿고 싶었기 때문이었을 것이다. **행복!** 그것은 늘 우리네 옆에 와 있어도 그것을 느끼지 못하고 저편 푸른 초원 하늘 위에 걸려 있는 무지개만 보고 그곳을 향해 가려고 하고 있다. 그런데 세월이라는 것은 이것을 알고 다양한 위기와 생활사건으로 인생을 가꿔 가도록 우리를 돕고 있다. 그리고 '희망을 가진 사람에게 인생은 마술을 보여 준다.'는 이 말을 공감하게 한다. '삼풍백화점'이 붕괴된 현장에서 여러 날 만에 구조된 사람 등 극적으로 구출되거나, 극한 상황을 이겨 낸 사람들의 한결같은 말들은 그들은 '희망'을 버리지 않았다고 했던 사실들이다. 우리가 모르는 조그만 일, 어느 응달진 곳에서 가느다란 빛을 보며 사는 사람들이 주위에 많다. 실낱같은 희망을 가진 힘없는 그들에게도 희망은 인생의 마술로 다가간다. 희망은 그들의 방 안을 햇빛으로 그득 채운다. 그래서 '인생은 슬픔과 기쁨으로 가득 찼다(Life is full of sadness and happiness).'고 말하고 있나 보다. 희망은 절망 속에 있는 사람들에게도 인생을 기쁨과 행복으로 가득 채울 수 있도록 마술을 부리고 있을 것이다.

04

'어머니'라는 직업

늦은 저녁 상담실로 부부가 들어온다. 엄마는 임신 중으로 배 속에 아이가 있고, 오른팔로 안은 아이, 등에 업은 아이, 그리고 아빠 손을 잡은 아이, 이렇게 딸 아이 셋과 다섯 식구가 상담실을 찾았다. 부모와 인사를 나누고 두 아이에게 음료수를 주어 안정감을 준 후 이곳을 찾게 된 이야기를 들었다.

아이들 엄마는 "둘째 아이가 산만하면서 말을 잘 못하고, 큰딸은 글을 가르쳐도 몰라요." "아이들은 몇 살인가요?" 상담자가 물었다.

큰아이는 네 살, 둘째는 두 살, 배 속의 아기는 7개월이란다. 그 둘째가 산만하다는 것과 네 살 큰아이가 글을 가르쳐도 'ㄱ, ㄴ'을 모른다고 상담 받으러 왔다. 이에 상담자는 아이들은 뛰지 않고 조용하면 어디가 아픈 것이고, 문제를 일으키지 않으면 아이가 아니라고 말해 주었다. 아이 엄마는 두 살짜리 딸은 걸음마도 늦었다고 한다.

이들은 맞벌이 부부로 아이 둘을 어린이집에 8시 10분 차를 태워 보내고 어머니는 8시 30분까지 출근하고 남편은 3교대 근무를 하는 관계로 아이들과 눈 맞춤을 할 시간이 없다고 한다. CCTV를 설치하여 상황을 보지 않았어도 이 가정의 일상을 알 수 있을 것 같았다. 이는 아이들이 어머니로부터 받아야 되는 기본적인 지침과 어머니의 애정표현, 챙김, 아버지의 역할 등이 상실되어 있음을 알 수 있는 상황이다. 우리 사회 현실이 가정과 직장 모두 완벽하기를 바라는 슈퍼 맘 신드룸이 개선되지 않는 한 워킹 맘들은 고단한 삶을 살아갈 수밖에 없을 것이다.

워킹 맘들은 아이들의 눈높이에 맞추어 대화할 시간, 책을 읽어 줄 시간이 없는 환경적 요인을 강박적으로 느끼며 개인차, 적성 등에 맞추기보다는 다른 아이들, 또래와 비교하며 불안해한다. 칼 융은 '갓 태어난 아기는 무의식 속에 수많은 생명의 씨앗들을 그 안에 품고 있으면서 장차 성장하면서 발휘하게 될 모든 정신 활동의 기능을 갖추고 있다. 그 많은 가능성 가운데 자아가 있다. 다만 자아는 무의식 속에 잠재적으로 존재하고 있다.'라고 말한다.

이 무한한 가능성을 가지고 태어난 아이들의 잠재력을 어떻게 도와주는가는 '어머니'라는 이름을 가진 전문직업인의 몫이다. 어머니는 자아의식을 꿈꾸게 하고 깨어 있게 할 수 있는 능력을 가진 훌륭한 직업인이다. 영아기에 최초로 느끼는 자아는 외부 세계에 존재하는 막강한 힘을 가진 어머니에 의해서 형성된다는 말이 있는 것처럼 '어머니'라는 직업에 대한 책임감과 자긍심을 갖추고 그 역할을 다하는 것이 진정한 전문가가 아닐까 생각한다.

부부는 서로에게 보내는 눈빛에서 부부간 사랑에는 이상기류가 흐르지 않고 있음을 알 수 있었다. 치료자는 남편에게 "아내를 사랑하고 아이들을 데리고 같이 와 주셔서 고맙습니다."라고 말하였다.

조기교육은 어린 나이에 무엇을 일찍 가르치라는 것이 아니라 각 연령에 따른 발달단계에 맞게 무엇이든지 그 시기에 받아들일 결정적 시기가 되었을 때, 어머니는 조기 개입하여 아이들이 기회를 놓치지 않도록 도와주어야 한다. 그리고 그 단계에 맞는 과업을 수행할 수 있는 잠재능력이 있음을 알고 때를 놓치지 않고 도와줄 수 있는 사람이 '어머니'라고 말해 주었다. 이것이 세상에서 가장 위대하고 가장 힘든 '어머니'라는 직업이고, 그 일은 어머니 외에는 아무도 누릴 수 없는 특권임을 강조하고 부모 됨의 자긍심을 갖도록 지지와 격려를 보내 주었다. 부부에게 "아이들은 그들의 세계에서 충분히 즐겁고 행복할 권리가 있다."는 것도 덧붙이며 상담을 마무리하였다.

어 미 여!

문채련

어미여!
네 아이는 그저 즐겁게 웃고
뛰놀기만을 원한단다.
아니 만지고 부수고 엉망인 것도
원할 때가 있단다.

그러나 어미여!
네 아이는
천사이기도 천치이기도 하지만
네가 이끌어주면
천재가 될 수도 있단다.

어미여!
너는 이 세대와 다음 세대를 잇는
다리이므로 그 역할을 다하여
부끄럼 없는 네 아이로
길러야 할 것이다.

05

가면(Personas)

노인대학교 학생들에게 뭔가를 얘기하기로 하고 단상에 섰다.

아직 내가 가 보지 못한 미지의 세계에 대해서, 그분들이 사는 또 다른 나라에 대한 이야기를 한다는 것이 무척 조심스러웠다. 학생들은 건강해 보였고 새로운 사람에 대해서 갖는 기대감으로 바른 자세로 앉아 모두 나를 보고 있다.

세계적으로 유례없이 빠른 속도로 진입하고 있는 노령사회에 건전한 생각으로 자기관리를 할 수 있도록 도움을 주는 노인대학이라는 사회적 관계망 속에서 그들은 좋은 만남으로 대화를 한다. 그렇게 함으로써 스트레스를 풀고, 다음 시간인 노래교실에서 음정·박자 상관없는 큰 소리로 노래를 부르며 활력을 찾는다. 이것은 에너지로 만들어져 가족에게 사랑으로 분사될 것이다. 그로 인해 집안의 멋진 어른으로 자리를 할 수 있겠다는 생각을 해 본다. 이 학생들이 각자의 삶에서 경험한 모든 것들을 가족관계, 가족문화 속에 어떻게 녹였는지 우리는 서로 모르지만, 현재의 긍정적인 사회 참여는 가족과 좋은 관계를 유지한다는 점에서 생활만족도가 높을 것으로 보인다.

지금 나를 보고 있는 이 학생들이 내 얘기에 만족하지는 못했어도 지루함을 못 느꼈기를 바란다. 그렇다면 그것은 성공한 강의이기 때문이다.

돌아오는 빗길 속에 만개했던 하얀 벚꽃들이 길가로, 달리는 차 위로 내려앉는다. 이렇게 흩날려 가 버린 꽃들은 내년 봄 다시 만개하여 겨울을 이겨 냈다고 뽐낼 것이 아닌가? 우리네 노인들은 이제 만개할 것도 뽐낼 것도 없다. 하지만 인생이라는 가치 있는 일을 해냈고, 젖과 꿀로 멋진 삶을 이룩했다고 자랑스럽게 가족들에게 스스로에게 말할 수 있는 얘깃거리가 있지 않은가.

딸네 집에 와서 전쟁을 치르고 난 것 같은 거실을 발뒤꿈치를 들고 걷는다. 아침에 출근하는 딸 모습이 눈에 선하다. 이런 점 때문에 나는 씨암탉을 잡아 줄 수 없는 장모가 된다.

노인대학에서 학생들에게 가족 사랑을 얘기하면서 어른 역할이 쉽지는 않지만 우리는 우리 후대에게 너그러움을 가르쳐야 한다고 말하고 왔다. 아가들과 눈을 맞추면서 늘 웃어 주고, 며느리는 딸과 같이, 사위는 백년손님으로 맞지 말 것을 방금 말하고 왔다. 그러나 나는 나의 현실로 돌아오면 그런 모든 것과는 상관이 없는 사람처럼 늘 일상의 자리로 돌아와 버린다. 앞과 뒤가 다른 생활 속의 난 오늘 또 만들어 썼던 새 가면을 벗어 놓는다. 장소에 따라 상황에 따라 편리하게 쓰는 이것을 하나 더 보탠 것 같다. 어찌 보면 우리 모두는 가면 몇 개쯤은 갖고 있지 않을까 하는 생각을 해 본다.

06

돌잔치

우암산을 돌아 산성으로 친구들과 나들이 갔다. 산은 아카시아꽃으로 하얗게 덮여 있고 향기는 온 산을 진동시키고 있었다.

세계 어느 나라의 값비싼 향수를 뿌려 놓은들 이 아카시아의 자연 향과 비교될 수 있을 것인가? 우리는 달리는 차 유리를 내리고 눈을 살며시 감은 채, 코끝은 하늘을 향했다. 아카시아의 짙은 향과 솔향기, 밤꽃향기 등을 바람이, 이 모든 냄새를 개개의 독특함을 살려서 우리 감각을 자극시켰다. 오랜만에 만난 나무와 숲은 우리를 반겨 주었다. 산, 나무, 흙, 그 자리에 있으면서 우리를 맞아 준 신선한 것들, 그것은 우리를 순수하고 숙연하게 해 준다. 자연은 우리를 품어 주고 돌아갈 고향 같은 친숙한 곳이다. 그래서 우리의 영원한 친구처럼 정겨운 곳이기도 하다. 그곳에서 나는 바람이기를, 자유롭게 하늘을 나는 새이기를, 아니 어느 해 봄 햇살을 받고 땅을 뚫고 나오는 새싹이기를.

며칠 전 외손자의 돌잔치가 있었다. 돌상을 차려 놓고 돌 사진을 찍기 위해 우리는 모두 주인공 앞에서 손뼉을 치고, 장난감을 흔들고, 이름을 부르면서 뛰기도 했다. 주인공의 부모는 돌아다니며 축하를 받고 얘기하면서 손님을 맞는다. 내가 치렀던 돌잔치와는 얼마나 달라진 풍경인지 모른다. 이러한 행사는 무엇이 중요한가를 생각하기보다는 행사를 위한 행사에 목적을 두고 있지는 않나 생각해 본다. 인생의 시작을 알리는 첫돌에 부모는 어떻게 그 애의 인생 프로젝트를 구성하도록 도와줄 것인가, 어떻게 해야 주인공이 자기만의 독특성을 찾을 수 있게 할 것인지를 축하하러 온 손님들에게 어드바이스 받는, 뜻있는 돌잔치이기를 바란다. 그 아이의 소질과 능력을 찾아낼 수 있는 부모로, 참고 지켜봐 주는 부모로, 넓은 세계를 품을 수 있는 가슴을 가지고, 그 아이 스스로가 선택한 직업을 즐기면서 멋있는 사회인으로 성장하도록 길러 줄 수 있는 부모이기를 바랄 뿐이다.

07

두 개의 빨간 별

안젤라 수녀는 성모마리아께 무릎 꿇고 우리 모두가 가지고 있는 마음의 장애를 낫게 해 달라고 기도드린다. 꽃의 말을 들을 줄 알고, 아름다운 이야기를 하얀 도화지 위에 그림으로 그릴 줄 알기에 하늘에 이야기한다.

어린 왕자(The Little Prince)를 사랑하는 안젤라 수녀는 어린 왕자가 다녔던 별을 찾아다닌다. 슬픈 비밀을 위안 삼았던 모래사막에 가서 해 지는 모습을 본다. 그리고 하늘에 있는 모든 별을 보는 것을 좋아하는 그녀는 어린 왕자가 사는 아주 작은 별을 찾는다. 그것은 친구가 없어 혼자가 싫다고 했던 어린 왕자가 보는 빨간 별이다. 안젤라는 그 별 옆에 또 하나의 빨간 별을 그려 놓는다. 새로 만든 그 별은 눈을 감아도 보이는 고향집 마당 멍석에 누워서 보던 그 별이다. 별 하나, 별 둘 하면서 친구들에게 '저 별은 나의 별' 하고 점찍어 두었던 그 빨간 별을 어린 왕자 별이 외롭지 않게 그 옆에 나란히 놓았다. 그리고 구름 위에 그 별들을 올려놓는다. 흩어졌다 모이고 또 흩어져 조각구름으로 떠다니다 사라지고 하는 안젤라가 사랑하는 구름들은 빨간 별 두 개가 밝은 빛을 내도록 그들 사이에 길을 내준다.

그 빨간 별 두 개는 그녀를 고향으로 데리고 간다.

큰 나무가 서 있는 작은 기차역에서 멀지 않은 곳에 그녀가 어릴 적에 살던 집이 있다. 기찻길 옆 초가집. 닭들이 돌아다니고, 누렁이가 낮잠 자는 한편에 물이끼 낀 우물이 있다. 수녀원 오는 날 기차에 오를 때 낡은 역에서 어머니는 기차 꼬리가 안 보일 때까지 서 계셨다. 지금도 그림에서라도 기차를 보거나 기차의 소리를 들으면 어머니가 기차역에 서서 기다리고 있는 것 같아 마음이 고향으로 간다. 초가집 굴뚝에서 연기가 올라오면 일하러 나갔던 가족이 모였던 넓은 마당이 한가롭다. 해 지는 저녁을 좋아했던 어머니. 가족들이 오늘 하루를 하늘에 감사드리는 기도를 올리는 모습이 눈에 들어온다. 사랑하는 어린 왕자의 빨간 별과 안젤라의 빨간 별은 그녀의 고향을 지키는 두 개의 빨간빛이 한 개의 빛이 되어 그녀의 마음을 밝혀 준다. 그녀가 기도할 때 그것은 다시 빨간 별이 되어 어린 왕자의 외로움을 지켜 준다는 이야기를 들려준다(이 글은 평생교육원에서 '기차' 프로젝트 수업 중 수녀님이 그리신 그림의 설명을 듣고 쓴 것임).

어머니(수녀의 어머니)

굽은 기찻길 따라
느릿하게
걸어가는 어머니

산봉우리에 걸려 있는
구름하고 이야기하며
저녁놀 속으로 걸어간다

수평선에 곱게 물든
황금빛 노을에게
힘들었던 여정을 들려주는가 보다.

08

아름다운 손

우리는 TV에서 아름다운 마음을 가진 사람들의 이야기를 볼 때가 많다.

그러나 그것은 사연을 찾아서 내용을 구성하고 다듬은 준비된 환경들이기 때문에 감동은 받지만 놀랍지는 않다.

자고 일어나 아침에 텔레비전을 켜면 '뉴스 특보'라고 우리를 놀라게 하는, 정말 가슴이 무너져 내리고 숨이 탁 막히는 '어찌 이런 일이' 하며 눈물이 흐르는 사건들이 요즈음에는 자주 일어나고 있다. 그런데 그러한 뉴스 특보가 있을 때마다 현장 그림과 함께 비춰지는 또 다른 장면들이 우리를 놀라게 한다. 사건 현장에서 피는 아름다운 꽃들이다. 머리엔 두건을 쓰고, 앞치마를 두르고, 손에는 뜨거운 커피나 음료수, 라면 등 금방 먹을 수 있는 것들을 들고 바쁘게 움직인다. 또 다친 사람을 돌보든가, 가족을 위로하며 안정시키는 등 많은 일들을 해내는 손길들이다. 이 '뉴스 특보'를 언제, 어떻게 알았는지? 어디들 있다가 그렇게 빨리 달려왔는지? 누구로부터 부름을 받았는지? 그들은 항상 준비된 상태로 대기하고 있었는지? 그 모두가 정말 놀라울 뿐이다. 우리 모두는 하루 24시간(The Hours)을 가지고 있다.

그렇지만 우리가 주어진 시간들을 어떻게 보내는가는 각자 그들의 가치관에서 차이를 보인다. 아마도 그들은 시간을 쪼개고 쪼개서 꼭 필요로 하는 곳에서 등분한 시간을 쓸 것이다. 그들은 아무 조건 없는 그저 따뜻한 마음들만 가지고 다닐 뿐일 것이다. 이러한 일들을 아무나 할 것 같지만 단체에 소속됐을 때, 기관에서의 봉사활동과는 차원이 다르게 느껴진다. 아마 그들은 가슴 깊은 곳에 있는 사랑의 샘에서 사랑이 분수처럼 뿜어지는 특별한 사람들임이 분명하다. 보이지 않는 곳곳에서 걷어붙인 거칠어진 손, 그러나 그 손길이 닿으면 감전되는 사랑의 손, 아름다움을 꽃피우는 손!

그 손이 있기에 우리는 밝은 미소를 지을 수 있는 것이 아닌가….

09

아마데우스 모차르트

차에 올라앉아 시동을 건다. 라디오에서 나오는 음악이 마음을 편안하게 한다. 아마도 '모차르트' 곡인가 보다.

학생 때 클래식 음악을 듣기 위해 라디오 주파수를 이리저리 돌리다 혼났던 생각이 난다. 누구의 곡이고, 지휘자는 누구이고, 어떤 악기가 주제 음을 내고, 특색은 어떻고 하면서 그 많은 음악의 특징을 알기 위해 음악 전문 해설집을 사서 외우고, 들으면서 내 머릿속의 수만 개의 작은 기억의 방 중 클래식이라는 방에 저장시켰던 일들이 어제 같았는데 지금은 저 곡이 무엇인지, 어느 지휘자의 어느 악단 연주인지 등이 아무 의미가 없어졌다. 그저 음악이면 듣고 좋아한다. 그런 것들로부터 자유로워졌는지도 모른다. 많은 작곡가의 음악 중에 모차르트 음악은 언제 어느 때 들어도 마음에 안정을 주는 편안하고 맑은 느낌의 곡들이 많다. 그의 곡 중 여러 개는 태교 음악으로, 음악 상담치료, 머리를 좋게 하는 음악으로 선정된 목록에 많이 들어 있다.

'아마데우스 모차르트!'

여러 해 전 상영된 '아마데우스 모차르트'는 우리를 다른 면에서 비춰진 모습을 보게 만들었다. '까르르 까르르' 높은 소리로 천박하게 웃어대는 장면과 자기를 절제하지 못하는 행동 등은 우리들이 듣는 아름답고 훌륭한 곡을 만들어 낸 사람이라기보다는 미성숙하고 산만한 모습으로 영상에 그려졌다. 궁정 악단장인 '살리에르'의 질투로 가득 찬 그의 눈에 비친 모차르트는 그야말로 엉망인 인격을 가진 망나니인 것이었다. 모차르트는 어려서 신동으로 아버지를 감동시켰다. 아버지의 뜻에 따라 무대에 오르고 귀족에게 돈을 받고 연주와 작곡을 해 주는 등, 누구에게 보이기 위한 학습만을 하게 된다. 그 천재는 자기관리 및 인성을 배우지 못한 채 재능만을 파는 사람으로 성장했다. 하늘의 별을 따는 재주가 있다 해도 사람이 먼저 되었어야 하지만 그의 아버지는 그것을 가르치질 않았다. 서른 셋이라는 젊은 나이에 춥고 배고파하면서 죽어 갔다. 비 오는 날 다른 시체가 있는 무덤 속으로, 그 위대한 천재 작곡가 아마데우스 모차르트는 던져진다. 이것은 슬프고 안타까운 장면이었다.

우리 주위에 별 따는 재주만을 어린아이들에게 가르치면서 재능이 있다고 자랑하는 부모를 본다. 아이들은 모든 것으로부터 자유롭게 그 연령에 맞는 놀이를 하면서 독창적으로, 개별화된, 그리고 창의적인 아이로 성장할 수 있어야 할 것이라는 생각을 해 본다. 그리고 부모는 그 안에서 아이들의 인격이 성숙될 수 있는 환경을 만들어 주어야 하지 않을까? 하는 의문을 가져 본다.

10

들꽃 향기

1988년 중학교 2학년 아들아이에게 많은 문제가 생겨 고민하던 끝에 청소년 심리, 청소년 상담 등을 이화여자대학교 평생교육원까지 찾아다니며 카운슬러과정을 수료하게 되었다. 이렇게 배운 상담을 우리 아들과 같이 문제가 있는 아이들에게 도움을 줄 수 있다면 하는 생각에서 시작한 것이 청주시 학생상담 자원봉사자였다. 상담을 통해 많은 학생들을 만났다. 그 애들에게서 내 아들을 보았고, 내 아들과 대화하면서 그 학생들을 이해하게 되었다.

그 아들이 지금 포부도 당당한 육군 장교로 최전방 철원에서 나라를 지키고 있다. 휴가를 같이 보내고 있는 며느리와 손녀딸을 데리러 그곳을 찾았다. 아들은 우리를 차에 태워 산속 군 막사에서 지휘관실을 보여 주었다. 병사들이 우리에게도 정자세를 하고 거수경례를 하여 익숙하지 않은 인사를 받았다. 아들이 너무 멋져 보였고, 대견해 보였다.

우리 부모들은 철모르는 사춘기 시절 다소 문제를 일으키거나, 남이 가는 길에서 탈선하여 다른 길을 걷는다 해도 포기하거나, 외면해서는 안 될 것이라는 것을 말하고 싶다. 이 시기는 자아 정체성을 찾아 헤매는 시기로, 가는 길이 어디인지, 무엇이 가치 있는 것인지, 왜 남이 가는 길을 가야 하는지 정체 속에서 방황하고 고민한다. 많은 시행착오를 거치면서 청소년들은 나를 찾아 생의 끝에서 웃을 수 있는 길로 나오게 된다. 다소 늦는 아이가 있다 해도 우리 어른들은 기다려 줄 수 있어야 하겠다. 인생은 기쁨과 슬픔으로 구성되어 있다는데, 잠깐 다른 길에서 다른 경험을 한 것에 대해 너무 책하지 않았으면 한다.

강원도 산길을 돌아오면서 보라, 주황, 흰색 등 들에 핀 꽃들과 붉게 물들기 시작한 나뭇잎을 본다. 이름은 알 것도 없다. 그저 길손의 가슴에 '아! 산에 예쁜 꽃이 있네, 단풍이 곱네!' 하고 느끼면 그것으로 족하다. 멀리서 마음으로 향기를 맛보며 색의 어우러짐을 눈 속에 담아 가면 된다.

사춘기 학생들이 들꽃같이 저마다의 독특한 색과 특유의 향기를 지니고 자기 방식으로 생활하고 있다. 들꽃 향기는 은근하게 속삭이면서 멀리까지 흩어지고, 사회 깊숙한 곳까지 내려앉는다. 손에 잡히지도 않으면서 곳곳에 향기가 있음을 느끼게 한다. '아이들은 열 번 변한다.'는 말이 있듯이 우리가 기다려 주고 지지해 주고 격려해 주면서 아파하는 가슴 위에 따뜻함과 생명의 힘을 불어넣어 그들 스스로 들꽃 같은 향기로 주위를 물들게 하였으면 한다.

11

내 아들아!

내 아들아!

너는 지금 이 순간을 어떻게 보내고 있느냐?

지금 이 순간을 어떻게 사느냐가 너의 인생을 결정할 것이다.

너는 지금 세상이라는 거대한 미로의 입구에 서 있단다.

노력하여라.

그리고 너의 두뇌로 생각을 키우고 그 뜻이 큰 인간이 되도록

인생을 설계하여라.

네가 어떻게 계획하고 실천하느냐는

너 자신의 색깔을 상황에 따라 변하게 할 것이다.

서둘러라.

그러나 당황하지 마라.

아직 시간은 너를 기다리고 있단다.

이 마지막 기회를 놓치지 말고 시간이라는 기차에 올라타거라.

그리고 거울에 비친 네 인격과 같은 친구들과 노력과 우정을 쌓으며

책을 멀리하지 마라.

그러면 쾌활하게 만족한 미소로 목적지에 도달하리라.

빈 시간을 공백의 시간으로 하지 말고 촌음을 아껴 써라.

오늘 1분 웃는 사람은 내일 1초에 운다고 하더라.

내 아들아!

청소년 시기에 지식의 기반을 닦아 두기 바란다.

그렇지 못하면 그 이후의 인생을 너의 뜻대로 살아가기 어렵다고 할 것이다.

지식이라는 것은 노후의 휴식처가 되고 네게 쉴 그늘을 줄 것이다.

그리고 젊었을 때 기반을 다져 두지 않으면

나이가 들어 매력 없는 인간이 되고 만단다.

지금 너에게 주어진 유일한 면학의 시기에

학업에 열중하여라.

이것은 반드시 통과해야 할 길,

인생의 과정이란다.

먼 훗날 뒤를 돌아보고 청소년기에 책 속에 시간을 쏟았던

너의 정력에 감사할 날이 있을 것이다.

태양처럼 별처럼 빛나거라.

12

외손자들의 방학 숙제

바다

큰손자 남승협(경포대 해수욕장, 초 1)

파란물감 풀어진
바닷물이 출렁출렁

튜브타고 동생이
파도 속으로 첨벙첨벙

물안경 쓰고 물속 미역 따고
불가사리 살려주고

학교

작은손자 남승휘(초 6, 방학 숙제)

생각을 키우는 학교,
오늘도
나는 학교를 간다.

학생들이 매일
가야만 하는 학교,
공부가 지겨울 때도 있다.

하지만 내가 가장 많이
웃고 떠드는 곳,
친구들을 많이 만나고
제일 행복한 곳
그곳이 바로 학교다

나뭇잎

연구실에서 창밖을 보며

어젯밤 가을비 내리고 태풍 같은 바람이 불더니
창가에 노랗게 보기 좋게 달린 은행잎을
오늘 보니 놀랍게도 한 잎도 남기지 않은 채
태풍 같던 바람이 땅으로 떨어뜨렸네

창밖에 풍성한 푸른 나뭇잎 보는 것이 즐거움인데
겨울로 가는 길목이라서 잎 없는 나뭇가지만
가을바람에 부대끼고 흔들리며 들리지 않는 소리로
겨울은 더 세찬바람이 불어도 견딜 수 있다고 하네

'바람과 함께 사라지다'라는 소설에서 여주인공은
절망 속에서 '내일은 내일의 태양이 뜰 것이다.'라고 하듯이
시간은, 세월은 모든 것을 다 데려가도 내일 새로운 태양이 솟듯이
앙상한 나무는 내게 내년 봄에 새잎을 다시 데리고 오겠다고 하네

헤드폰

송영순(학교 전문상담사 제자의 글)

유난히도 따사로이 내 몸을 감싸는 듯한 가을 햇살과 적당히 시원한 가을바람이 일상에 지쳐 있는 나를 밖으로 이끌어 냈다. 얼마 만에 여유 있게 느껴보는 행복감인가! 청명하고 드넓은 가을 하늘 아래 어느 집 담장 앞에서 나의 발걸음이 멈춰졌다. 집 마당 한쪽으로 둥글게 드리워진 샛노란 열매들이 빼곡한 커다란 감나무가 있었다. 순간 아버지 얼굴이 떠올랐다. 친정집 앞마당 한쪽에도 감나무 한 그루가 있었다. 내가 어린 시절 학교 다닐 땐 그늘 아래서 시원하게 놀라고 그리 크지 않은 평상을 짜 주셨던 키 크고 잘생긴 그 아버지가 어느새 작아 보이고 초라해 보이는 할아버지가 되셨다. 과일을 별로 좋아하지 않았던 내가 유일하게 욕심부리며 먹었던 건 우린 감이었다. 떫은맛을 잘 우려내어 아삭아삭하고 반질반질 빛깔 좋은 그 맛을 아직까지도 무척이나 좋아한다. 하나밖에 없는 딸이 제일 좋아하는 과일이라며 두 오빠들보다 나를 먼저 챙겨 주시던 아버지시다. 내가 결혼하여 살아오는 동안에도 감 익는 계절이 되면 공들여 우려낸 감 보따리를 자식들 사는 곳곳으로 보내 주신다. 이제는 세월이 흘러 그 감나무의 키도 제법 높아졌고 감을 따는 대나무 장대는 점점 한계를 느끼듯 짧아진다. 감을 따 내느라 목과 고개가 아프시다 하면서도 언제나 행복한 목소리로 전해 주신다. "내일이면 감 도착할 끼다. 애들만 먹이지 말고 니나 많이 먹어라." 순간 목이 멘다. 가게 일을 하는 핑계로 자주 찾아뵙지 못하고 있다. 연로해지신 아버지가 읍내를 나가시면 이것저것 다방면의 교양서적을 한 권씩 사서 보시는 취미와 서예와 산악회 회원이 되셔서 전시회도 여시는 시골의 멋진 할아버지가 우리 아버지라는 게 나는 늘 자랑스러웠다. 하모니카도 잘 불고 노래를 제법 하시던 아버지가 이제는 한쪽 귀는 영 답답하시다며 헤드폰을 늘 끼고 노래를 따라 부르신다. 들에서 일을 하실 때도 미니 라디오를 허리춤에 끼고 흘러나오는 노래를 따라 부르시던 아버지의 모습에서 나도 같이 즐겁고 행복한 마음을 맛보곤 했었던 때가 있었다. 안타깝다. 중이염을 너무 오래도록 방치해 둔 잘못으로 청력을 많이 상실하신 아버지, 기계의 볼륨은 자꾸자꾸 커져만 가고 옆에 계신 엄마에겐 이제는 더 이상 흥겨운 음악이 아닌 소음공해가 되고 있다. 그래서 아버지가 생각해 내신 게 헤드폰이었다. 그렇게 노래도 잘 부르시던 아버지셨는데 이제는 음정도 박자도 무시하고 노래부터 먼저 가라 하고 뒤따라가는 격이 되셨다. 비록 75세의 할아버지가 헤드폰을 끼고 흥얼흥얼 당신만의 노래를 부르지만 나의 아버지이기에 오래도록 모습을 뵐 수 있기를 기도해 본다.

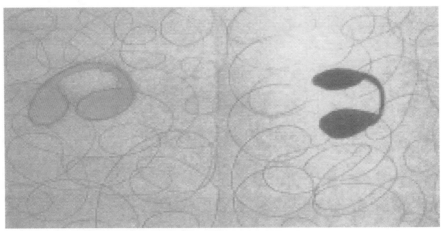

'난화'라는 미술 프로그램에서 생각 없이 그린 그림으로 글을 만들다.

책에 글을 싣기 위해 2011.11.2.에 받았던 글을 2020.10.30.에 제자를 찾았다. 제자는 반기면서 어제 만난 것 같다면 벌써 10년이 다 돼 가네요, 한다. 무엇을 하고 어떻게 지냈는지 서로 이야기를 하였다. 제자는 대학원에서 상담을 전공하고 현재 학교 전문상담 교사로 상담 일을 하고 있다고 한다. 발전된 모습에 감동을 전하고지지 해 주었다. 글을 내 책에 이름을 그대로 올리려 한다고 하였더니 영광이라고 하며 기뻐한다.

우린 감을 안채에서 가지고 나와 비닐봉지에 담아 주어 "아버지가 보내셨나 보네?" 하였더니 인터넷에서 감 우리는 방법을 따라 해 보았는데 잘 되었다고 한다. "왜 아버지가 안 보내 주시고, 글 속에 아버지 얘기를 썼잖아?" "아버지가 누워계셔서 이제는 제가 하게 됐어요." 세월이 이런 변화를 가져왔구나! 헤어지고 메시지를 받았다. 찾아 주셔서 좋은 시간을 보냈습니다. 감사합니다. '학교 전문상담사라는 글도 올려 주세요.'

미용실 가는 날

김달해(제자의 글)

내가 다니고 있는 고등학교는 귀밑 15cm 아래로 머리를 기를 수 없다.

그러나 길고 찰랑거리는 머리카락은 대부분 여자아이들이 한 번쯤은 꿈꿀 만한 모습이 아니던가. 이제 조금만 있으면 수능도 끝이 나고 곧 졸업을 하게 될 것이다. 답답해도 그때까지만 똥 머리를 하고 다닌다면 들킬 일은 없을 거라고 생각했다.

그런데 아뿔싸! 이런 일이!

수능 7일 앞둔 지금 두발검사를 한단다. 아나나 다를까 저 뒤에서 들리는 학생주임 선생님의 목소리 "야, 머리에 똥 얹은 애, 너 내일까지 머리 자르고 검사받으러 와."

나는 "선생님, 신체발부수지부모라 신체의 모발과 피부는 부모님으로부터 받은 건데 어찌 자를 수 있겠어요?" 이렇게 외치고 싶었지만 목구멍에서만 맴돌 뿐이었다. 역시 다른 아이들도 마찬가지인가 보다.

결국에는 함께 두발검사에서 걸린 친구들과 삼삼오오 미용실을 찾아갔다. 우리의 사정을 들은 미용실 언니는 코맹맹이 소리로 "호호~ 내가 최신 유행 스타일로 세련되게 잘라 줄게. 걱정하지 마~."라며 우리를 안심시켰지만 그래도 불안한 마음은 사그라지지 않았다.

그렇게 지옥 같은 몇 분의 시간이 흐른 뒤 미용실 언니의 다 끝났다는 말과 함께 거울을 본 순간 난 내 두 눈을 의심하게 되었다. 최신 유행 스타일이라면서 70년대 비틀즈가 했을 법한 바가지 머리를 만들어 놓은 것이다.

울상이 되어 옆의 친구들을 보니 오 마이 갓! 친구들도 하나같이 머리에 바가지를 하나씩 얹어 놓은 우스꽝스러운 모습으로 변해 있었던 것이다.

'난화'라는 미술 프로그램에서 생각 없이 그린 그림으로 글을 만들다(당시 미대 4년 졸업반 학생, 현재 상담사로 일하고 있음).

그날 이후 함께 미용실을 갔던 나와 친구들은 헬멧 자매라는 별명을 졸업까지 내내 달고 다녀야만 했다.

십여 년이 지난 어제 통화를 했다. 전화번호가 바뀌었지만 통신사에서 친절하게 바뀐 번호를 안내해 주었다. 전화를 받고 놀란다. 제자에게 "너의 미장원 가는 날(똥 머리)이 위트가 있어 내가 쓰는 책에 네 이름을 그대로 해서 올리려고 하는데 어떠니?"라고 하자, 웃으며 "좋아요, 선생님. 감사합니다. 영광입니다." 한다. 미대를 졸업하고 심리상담학과로 편입하여 상담사로 일하고 있으며 내년쯤 대학원 특수교육학과를 지원할 예정이라고 ㅈ하였다. 책이 출판되면 만나서 책을 선물해야겠다.

13

아름다운 꿈

"할머니, 선생님이 되고 싶은 꿈은 언제부터 가지고 계셨어요?"

"응. 어릴 때, 아주 어릴 때 초등학교 문 앞에서 아이들 손을 잡고 나오는 선생을 보고 꿈을 가졌지."

"어머니가 그런 꿈을 가지고 계신 것을 몰랐어요." 딸이 말했다.

"아무한테도 말을 안 했으니까."

이것은 할머니 구연동화 선생님과 유치원 원장, 큰딸의 대화를 며칠 전 TV에서 보고 감동받았던 내용이다. 87세에 초등학교 졸업장을 받고 감격해하는 할머니가 TV에 나온 것이다. 글을 깨쳐 공책에 또박또박 본인의 이름을 쓰고 의사 표현을 할 수 있게 된 것이 할머니의 진정한 소원은 아니었다고 말하고 있는 것이다. 할머니는 자녀들에게 어려서부터 가슴속에 꿈꾸어 왔던 선생이 되고 싶은 소망을 80여 년이 지난 지금에서야 입을 떼었다. 자녀들은 할머니(어머니)가 선생님이 될 수 있는 방법을 알아보았다. 유아교육기관에서 할머니 구연동화 선생님을 교육시켜서 봉사할 수 있도록 돕는 곳이 있다는 것을 알았다. 그리고 할머니를 그곳에서 배우고 연습하는 것을 도와 유치원에 모시고 간 것이다. 고운 옷을 한 벌 사 드리고 자신감을 가질 수 있도록 온 가족이 응원을 하고 동화를 반복 연습을 시켜 오늘 유아들 앞 단 위에 앉게 되었다. 원장선생님이 유아들에게 "할머니 선생님께 인사드리세요."라고 유아들에서 할머니를 소개해 주었다. 이것이 평생

할머니가 듣고 싶었던 "선생님"이라는 소리였다

　우리는 꿈을 꾼다.

　세계를 감동시킨 영국의 '폴 포츠'는 다 떨어진 신발을 신고 핸드폰 외판원을 하면서도 '성악가'라는 꿈을 꾸고 있었다. 우리나라에서도 최근에는 많은 사람들이 꿈을 이룰 수 있는 프로그램을 통해 자기를 실현하는 장면들을 볼 수 있다. 그 중 '최성봉'은 계단에서 잠자고, 껌을 팔고 초등학교, 중학교도 다니지 못했지만 노래하고 싶다는 꿈을 가지고 검정고시를 거쳐 노래하는 공개 프로에 나가 심사위원을 감동시키고 도움을 받아 예술 고등학교에 늦은 나이지만 입학을 하게 되었다. 지금은 유명 인사가 되어 강의도 하고 노래도 하면서 생활에 어려움 없이 학교생활을 한다.

　'시크릿'이란 책에서 "비밀의 문은 두드리는 사람에게만 열린다!"라고 하는 구절이 있다. 이 책에서 "꿈을 찾아가는 여정은 홀로 외롭게 떠나는 여행과 같다." "꿈을 가진다는 것은 평생에 걸쳐 어떤 역경을 만나도 중간에 포기하지 않고 사랑할 수 있는 일을 찾는 것입니다."라고 독자들에게 힘을 주고 꿈이 이루어진다는 설렘과 소망을 주고 있다. 그렇다, 꿈의 게시판에 나만의 비밀의 꿈을 적는다. 그렇게 하면 우주의 기운이 내 꿈으로 모두 모여 어느 날 아침에 눈을 뜨면 나만의 비밀로 했던 그 꿈의 자리에 내가 서 있는 것을 보고 깜짝 놀라게 된다. 할머니 구연동화 선생님도 꿈의 게시판에 매일매일 그렇게 적어 두었을 것이다. 얼었던 대지가 기지개를 켜면서 희망의 바람을 몰고 봄날에 나만의 꿈을 펼칠 수 있도록 찾아왔다. 새롭게 선생님이 되어 꿈을 실현할 수 있게 된 할머니는 그녀가 믿는 신께, 길을 열어 준 가족들에게 감사하며 어린 시절의 꿈속으로 한 발씩 걸어 들어갈 것이다.

14

결혼

오늘도 청첩장에 적힌 예식장에 갔다. 주차 시설이 부족하여 차를 도보로 10분 거리에 세워 두고 식장에 들어가 뒤편에서 주례 앞에 서 있는 신랑 신부를 보고 있다. 우리 모두는 생로병사의 길을 걷는다. 그러기에 사람은 부모에게서 일성을 지르며 세상에 태어날 때를 인생의 출발점이라고 말하고 있다. 그러나 관점을 달리하여 결혼을 인생의 출발로 보아 가정을 이루고 아이를 낳아 교육시키고, 결혼시켜서 새로운 가족을 맞게 되면 완전한 인생의 사이클을 이루었다고 말한다.

이 중요한 인생의 출발인 결혼은 준비과정부터 소홀함이 없도록 하기 위해 혼기가 찬 자녀를 둔 부모들은 짝짓는 일, 혼수, 예식 등 모든 과정에 신중을 기한다. 이렇게 해서 치른 결혼도 문화가 다른 환경에서 성장한 맞지 않는 성격, 생활 습관을 서로 조절하지 못하는 것 등 자기 위주의 개인주의와 이기주의는 서로 양보와 이해의 폭을 넓히지 못하고 이혼들을 쉽게 한다.

결혼식장에서 싱글벙글하는 신랑 앞으로 긴장한 신부의 아버지가 조심스레 딸과 발을 같이 옮기며 신부를 데리고 나온다. 하얀 예복을 갖춰 입고 꾸벅 절을 하는 신랑에게 딸을 넘겨준다. '이제부터 내 딸의 모든 것은 이 낯선 사내에게로 넘어가는 것이다.' 하고 생각하는 것처럼 보인 신부의 아버지는 자리에 앉는다.

주례사가 시작된다. 주례는 모든 신랑 신부들이 긴장한 탓에 주례사를 듣지 못하기 때문에 간단히 하겠다고 한다.

"인생이란 긴 여행입니다. 부부는 긴 여행을 하면서 끊임없이 얘기하며 같이 생각을 나누는 동반자입니다. 그래서 눈빛으로, 손끝으로, 숨소리로 대화를 나누는 사이여야 합니다. 그리고 긴 여행에서 돌아와 둘이 마주 앉아 두 손 꼭 잡고 서로 그동안 수고했다고 이야기할 수 있는 사이여야 합니다."

흔히 들을 수 있던 부모에게 효도하고 형제간에 우애 있고 하는 것과 달리 결혼해서 삼십 년이 다 되어 가는 우리에게 공감이 가는 주례사였다.

내빈에게 절을 하고 친구들이 터뜨리는 폭죽과 오색 테이프 속으로 희망찬 발걸음을 내디딘다. 빨강 치마 초록 저고리를 입고 시어른께 큰절을 하며 행복한 미소를 짓는 신부, 그저 좋아서 입을 다물지 못하고 신부를 쳐다보는 신랑, 이 모습들은 정말 아름답고 축복받을 만한 그림들이다.

잃어버린 짝을 찾아 바로 맞추는 날이 결혼식이란 말도 있다. 운명론자들은 태어날 때 평생 나아갈 길이 정해져 있어서 그 틀을 벗어나지 못한다고 말한다. 그 말을 믿는다면 노력할 필요도 계획을 세울 필요도 없을 것이다.

그러나 인생은 도전할 가치가 있다고 하지 않던가? 인생의 출발점에서 멋진 계획을 세우고 즐겁고 행복한 얼굴로 힘찬 발 디딤을 하는 한 쌍의 신혼부부를 축복해 주자. 신랑 신부를 축복해 준 기성세대들이 인생의 사이클에서 아웃될 때 그 자리에 축복이라는 허물과 행복이라는 허물을 남기게 되어 결혼하여 꾸민 새 가정에 거름의 역할을 할 것이다.

| 트라우마에 갇힌 사람들

제3장

생각의 조각들

01

이야기들과의 만남

담장에 붉은 장미가 피어 있는 5월에 청주에서 진천으로 차를 달린다. 진천건강지원센터와 인연을 맺은 지 4년이 조금 지났다. 진천에 전문상담사가 없다고 청주로 상담을 온 내담자가 진천으로 와서 해 주면 진천건강지원센터에서 무료로 상담을 받을 수 있다고 하였다. 그 내담자의 소개로 상담을 시작하여 주 1회 진천을 온다. 그 후로 많은 사례의 다양한 사연을 접하면서 내담자들의 고민과 슬픔을 위로하고 용기를 주고, 때로는 울분을 같이 느끼고 흥분했던 일들로 상담의 회기는 가득 차 있었다.

어떤 부부는 상담실에서 전쟁터를 방불할 정도로 큰 소리로 싸운다. 이때 상담사는 두 사람이 목청껏 소리 지르며 싸우도록 기다려 준다. 두 사람은 상담사가 있기 때문에 안심하고 다투는 것이다. 그러면서 집에서 하지 못했던 말들을 봇물이 터진 듯이 쏟아 낸다. 이것은 좋은 현상이라고 말할 수 있다. 얼마나 속이 시원하겠는가? 이렇게 하고 시간이 지나면 상담사를 의식하고 진정하게 된다. 진정한 두 사람은 등을 돌리고 앉아 흥분을 가라앉힌다. 두 사람이 숨 고르기를 하도록 상담사는 조금 더 기다렸다가 부부의 사연에 접근한다. 부부의 문제가 무엇인지 모두 들었기 때문에 상담은 수월할 수 있다. 얽혀 있는 매듭을 푸는 데 크게 어려움 없이 이야기를 풀어 간다. 부부가 상담실을 찾아온 사연이 이러한 다툼으로 자연스럽게 노출되어 시간이 절약될 수 있다는 장점을 알기에 상담사는 기다려 주고 있다. 부부가 상담을 받기 위해 스스로 찾아온 내용은 아내가 출근할 때 일어나 아침을 준비도 하지 않고 늦도록 잠만 자고, 청소도 안 해서 쉴 장소가 없으며, 설거지는 쌓아 놓고 하고 싶을 때에 한다고 한다. 아내는 먼저 일어난 사람이 밥을 차려 먹고 가면 되고, 깨끗한 척하는 사람이 청소하면 된다고 말을 하면서 난 내가 하고 싶을 때 한다고 자신감에 차서 말하였다.

배가 많이 부른 임산부가 상담실에 들어왔다. 결혼 후 배우자의 직업관계로 1년에 1번씩 이동을 하면서 첫아이를 낳았고 육아에 많은 어려움을 겪었다고 한다. 이 아이가 4살이 되면 다녔던 직장에 복직할 예정이었으나 두 번째 아이를 임신하게 되어 그 힘든 육아와의 전쟁을 또 치러야 하는데 어쩌면 좋겠느냐면서 너무 슬프게 운다. 낯선 곳으로 이사하게 되면서 외로움과 첫아이 육아 문제, 둘째 임신 등이 우울을 유발하게 된 원인으로 보였다. 그리고 배우자의 봉급에 비해 아이 둘과 부부, 이렇게 네 식구가 생활할 것도 경제적·심적 부담이 큰 작용을 한 것 같았다. 임산부는 울어서는 임산부 건강관리를 어떻게 하는가를 물었다. 우울로 인해서 음식을 별로 먹는 것이 없다고 한다. 상담자는 건강한 아이를 출산해야 아이가 병약하지 않고 기르기도 수월하다고 말해 주었지만 도움이 되는 것 같지 않았다. 집에서 자꾸 울어서 배우자가 처가에 전화를 걸어 장인, 장모가 잠자다가 오셔서 딸을 달래 주고 가셨다고 하였다. 상담자가 아기는 축복이라고 하면서 기쁨으로 태교하고 즐거운 생각, 행복한 감정을 아기에게 주어야 되는 것이 임산부로서 가져야 할 태도라고 상담사의 생각을 이야기해 주었다. 그리고 내담자에게 매일 행복 연습을 하면 어떻겠는가 하였더니 알겠다고 하였다. 긍정심리를 이용한 감사한 마음을 기록할 일기장을 만들어 써 볼 것을 권유하고 하루에 몇 개씩 감사 혹은 행복의 느낀 감정을 써 보면 긍정적으로 모든 생각들이 바뀔 것이라고 얘기해 주었다. 그리고 아기 출산에 대해 어려운 점을 들어 보았다. 군 소재지에는 신생아 돌보미 시스템이 없어서 '큰 도시 YWCA'에서 구해야 하고 교통비도 지급해야 하는데 그마저도 쉽지가 않다고 한다. 미리 예약을 해야 하는데 예약금이 90만 원이라 한다. 남편이 그 돈이 없다고 하여 너무 놀라 울었단다. 내담자는 이제 세상과 어울리며 적응하고 있다. 순수하고 깨끗한 마음이 그대로 유지되기를 바란다고 했다. 고운 마음들이 모여 아름다운 사회가 이루어져야 함을 말해 주었다. 둘째도 딸이라고 하여 상담자는 순산하고 건강한 모습으로 두 딸을 양육할 것을 부탁하였다. 잘 해낼 것이라고 지지하는 말을 건네며 두 손을 꼭 잡고 친정에서 출산하고 진천에 오면 연락을 달라는 말을 남기며 상담을 마쳤다. 신혼부부들이 안심하고 아이를 낳아서 기를 수 있는 여건이 마련되어 임산부의 어려움을 덜어 주었으면 하는 바람이다. 상담은 이야기들의 만남이라고 말하고 싶다. 우리가 흔히 '모래알같이 많은 사람'이라는 표현을 잘 쓰고 있듯이 상담실을 찾아온 내담자들의 이야기는 각기 다른 사연들을 가지고 온다. 많은 사례들을 접하면서 느끼는 것은 부모의 역할, 환경, 부부간의 역동 등이 제 역할을 다하여야 함은 물론 양보하고 서로 다름을 이해하면 어떨까 생각해 본다.

작은 음악회

　한 작은 장소에서 초등생들의 음악회가 있었다.

　무대에 있는 그랜드 피아노는 조율을 한 적이 없는 듯 보였으나 맑은 소리를 내고 있다. 누군가 보내온 장미꽃 바구니가 무대 옆에서 작은 음악회를 축하해 주고 있다. 건반을 누르는 귀엽고 조그만 손가락들은 꼬이기도 하고, 젖혀지기도 하면서 고운 소리를 낸다. 갖가지 무대의상들을 입은 아이들은 연습한 곡들을 연주하며 손이 떨리고 있다. 관중은 가족뿐이었는데도 긴장한 모습들은 너무 귀엽고 사랑스러웠다.

　아이들은 그저 피아노만을 친다. 음은 높게, 낮게 그리고 길게, 짧게 또는 손가락 끝으로 톡톡 튀게 치면서 익힌 재주를 한껏 표현해 본다. 우리는 소리 그대로를 즐긴다. 언제 들어도, 연습곡이어도 그 소리는 아름답다. 지금 이곳의 연주는 모차르트의, 쇼팽의 곡일 필요 없이 우리를 감동시킨다. 뭔가를 꿈꾸며 연주하는 그 아이들의 마음의 소리를 음악으로 듣는 것이다. 이러한 경험들은 또래 세계에 있는 자기 존재를 인식시켜 주면서 개인이 자신에 대해 가질 수 있는 긍정적 기대감을 형성하게 된다.

　우리 아이들도 저런 때가 있었다.

　그때 연주회에서 무슨 곡을 연주했는지는 하나도 생각이 안 나지만 나는 애들 담임선생님들도 모셔 오고 우리 애들 친구들도 부르고 연주하는 애들보다 내가 더 흥분했던 기억만 남아 있다. 아이들이 커 가는 과정 속에 엄마도 같이 커 간다. 그리고 아이들은 성장해서 제 적성에 맞는 직업을 선택해 자기의 세계를 가꾸어 가고 있다. 그러나 우리 엄마들은 아이들의 세계 밖으로 한 걸음씩 뒤로 물러나면서 성취하고자 했던 강한 소유욕을 서서히 풀어 헤쳐 놓는다. 오늘 여기 온 엄마들도 그 옛날의 나처럼 내 아이가 성공한 피아니스트로 큰 음악회에서 많은 청중 앞에서 연주하는 것으로 흥분했을지도 모른다. 그것도 괜찮은 생각이다. 훗날 그렇게 될 수도 있고, 아닐 수도 있지만 이러한 경험은 '사람은 왜 사는가?'라는 정체감에 빠졌을 때 자신의 가치와 중요성에 대해 긍정적 판단을 내리게 될 수 있을 것이기 때문이다. 이 아이들의 미래를 위한 격려의 박수를 보내면서.

장미와 보리

비가 내린다.

계절의 여왕 5월에 비가 내린다.

길가 담장을 타고 피어 있던 장미들이 고개를 숙이고 있다. 비가 개면 공기는 맑고 초록은 더 푸르고, 그 위에 피어 있는 장미는 선명한 붉은빛으로 아름다운 조화를 이룰 것이다.

꽃집 앞을 지난다. 노랑, 주황, 분홍 등 갖가지 색들의 장미가 양동이에 담겨 있다. 꽃방이 온통 장미로 그득하다. 그 사이에 싱싱한 보리 다발이 있지 않은가? 어릴 때 대문 밖을 나서서 들로 나가면 넓은 보리밭이 있었다. 학교에서 돌아오는 길에 친구들과 어울려 보리깜부기를 따먹고 입이 까맣게 되어서는 서로 마주 보고 웃고 하던 보리가 지금 꽃집 장미 옆에서 장식품으로 꽂혀 있는 것이다. 우리가 자랄 때 어른들은 보리를 쌀보다 많이 섞인 밥을 지으셨다. 지금은 보리밥이 여름 별미 정도로 젊은 세대에게는 아주 생소한 메뉴로 되어 있다. 차를 몰고 들을 달려도 보리밭도 보리깜부기도 볼 수 없다. 5월은 보리가 익는 계절이라고 보릿고개를 잘 넘겨야 한다고 옛 어른들은 걱정하셨다. 보리는 시에도 등장하고, 집에서는 된장 고추장도 이것으로 담았었다. 이제 보리는 장미를 빛나게 하는 초록빛 장식으로 쓰이고 있는 것이다.

시대가 새로운 문화를 창출해 내고, 사람들은 곧 새로운 것에 익숙해진다. 음식

문화도 마찬가지다. 아이들은 햄버거, 피자 맛에 적응되어 보릿고개 때 우리가 먹던 수제비, 나물밥 등은 접할 기회도 없을 것이다. 필요로 하지 않는 것은 없어지기 마련이다. 그래서 우리는 기억 속에만 있는 많은 것들을 가지게 되었는지도 모른다. 우리 세대의 문화를 이해하는 사람들을 만날 때 비로소 타임머신을 탄다. '눈깔사탕', '아이스께끼'를 어쩌다 먹게 되어도 행복했던 그 시절, 젓가락처럼 마르고, 사슴처럼 목이 긴 사람들만 살았던 내 어린 시절에서 다시 타임머신으로 돌아왔다. 길 가는 사람을 본다. 발전된 살기 좋아진 현재를 본다. 타임머신을 더 이상 탈 것 같지가 않다. 시간은 우리를 더 나은 곳으로 데려다주기 때문이다. 나는 장미와 보리를 5월의 상징으로 식탁을 장식했다.

04

우리는 하나

월드컵 1주년을 기념하기 위한 행사들을 각 방송국마다 하고 있다.

6월의 함성 속으로, 감동의 붉은 물결, '대~한민국!' 등등 장면, 명장면을 다시 또 보아도 가슴이 뭉클하고 감동스럽다. 태극무늬들을 얼굴, 어깨, 가슴 등에 그려 넣고 처음 보는 사람과도 하나가 되어 눈물 흘리고 기뻐했던 드라마는 우리에게 기쁨과 행복감을 주었다. 이것은 세계를 놀라게 하고 우리의 정서, 우리의 힘을 세계 속에 한국의 상징으로 각인시키기에 모자람이 없었다. 한일 월드컵 1주년, 어제(5월 31일) 일본에서 쿠엘류 감독의 높이 든 두 손이 다시 우리를 하나되게 만들었다.

진정 '우리는 하나'라고 말할 수 있는가? 국가가 위기일 때 우리는 하나일 수 있을 것인가? 그렇게 묻는다면, 어떻게 답할 수 있을지 그것이 알고 싶어진다. 웬만큼 알려진 연예인들의 자녀들은 모두 외국에서 공부한다. 이름 있는 병원장, 사업가, 정치가, 기타 등등의 자녀들도 외국에서 큰돈들을 쓰고 있다. 작은 나라에서 돈 많은 나라에다 돈을 퍼 주고 있는 것이다. 국가의 미래를 책임져야 하는 고급 두뇌들은 과학, 교육, 첨단산업 등 각 분야의 선진을 배워 오기 위해 그런 투자는 당연히 해 줘야 한다. 그러나 너도나도 돈만 있으면 나가서 공부해야 한다는 생각은 국가에 도움이 되지 않을 뿐만 아니라 나라 경제를 위험에 놓이게 하는 행위인 것 같다. 이렇게 나가 있는 여러 상황의 사람들이 국가의 위기가 닥쳤을 때, 과연 2002년 6월의 붉은 물결 속으로 들어올 수 있을 것인가 말이다.

2000여 년 흩어져(Diaspora) 살면서 금융과 기초과학은 물론 공연예술에 이르기까지 조상들의 능력을 이어 오면서, 국가 독립을 위해 돈을 보내고, 위기 상황에 처했을 때, 생업을 포기하고 조국으로 돌아온 유태인들의 움직임은 세계를 놀라게 했었다. 그들은 누구랄 것도 없이, 누구의 명령이 없음에도 하나로 뭉쳐졌다. 그것은 유아기 때 무릎교육과 탈무드를 통해 조상을 가르친 때문일 것이다. 자라나는 세대에게 2002년 월드컵 신화창조를 다시 방송한다는 것은 이런 교육적 차원에서 의미가 있는 것 같다. 2002년의 한일 축구를 통한 '우리는 하나' 됨은 '한국'이라는 매개물을 통해 영원히 하나 되기를 바라는 마음일 뿐이다.

05

"선생님, 귤이 썩어요!"

사거리 모퉁이에 자동차를 세워 두고 차 시동을 켠 채 과일을 차 주위에 펼쳐 놓고 파는 가게가 있다. 일 년이 넘도록 그곳을 지나쳐 다니면서 한 번도 신경을 써 본 적도 없이 그곳을 지나다녔다. 어느 날부터인지 한 번은 과일을 사 주어야 될 것 같은 생각이 들었다. 그 길을 지나다니는 사람으로 마음의 세를 치르고 지나다녀야 할 것 같았다. 그러나 과일을 좋아하지도 않고, 남편은 과일이 썩어도 쳐다보지도 않기 때문에 과일을 산다는 생각은 해 보지도 않고 다녔다. 과일 자동차가 왠지 마음에 걸려 '저기서 과일이 잘 팔릴까?, 하루 종일 사람을 기다리는 것이 힘들지는 않을까?' 등 많은 생각을 하며 그곳을 지나치며 다녔다.

● 선생님!

그러던 어느 날 누구 집을 방문해야 할 일이 생겼다.

'그렇지, 그 과일 자동차 가게에 가서 한 번이라도 팔아 주자.'라고 생각하고 내가 방문할 집과는 전혀 다른 방향이지만 기회가 닿아 그곳으로 갔다. 도로 모퉁이에 차를 안전하게 세우고 과일을 사기 위해서 과일이 펼쳐져 있는 자동차 뒤쪽으로 가는데 "선생님!" 하고 부른다. "어머, 너는 ○○ 아니니?" 깜짝 놀라서 큰 소리로 물었다.

"네, 선생님." "○○야, 너 여기서 일 년이 넘게 장사하고 있었던 것이냐?"

"네, 이 년이 조금 넘었어요." 정말 놀랐다. 저 아이는 좋은 가정에서 동네에서 존경받던 집안의 막내아들이었다. 공부를 너무 싫어해서 야단을 치면 저 아이는 "엄마가 시내에 있는 건물을 저를 준대요." 하곤 했다. 그 아이가 40 후반에 접어들어 길에서 과일 좌판을 벌이고 있다니 정말 놀라서 말을 할 수가 없었다. 그리고 더 놀라운 사실은 이혼한 상태로 딸 둘을 데리고 엄마와 살고 있다고 한다.

● '귤이 썩어요!'

눈보라가 세차게 부는 날 일부러 과일을 사러 자동차 과일 가게로 갔다. '그렇지, 이렇게 춥고 바람이 부는 날인데.' 나오지 않은 것을 보고 마음이 놓였다. 추운 날 나왔으면 팔지도 못하고 고생만 했을 것이다. 며칠 뒤 날이 회복되어 다시 찾았다. 나를 보고는 차 안에서 얼른 나와서 차렷 자세를 한다. 옛날 공부 안 하고 착하기만 했던 모습이 보인다. 진열된 자동차에는 귤만 있었다. "밥은 어떻게 먹니?" 하고 물었다. 제때에 밥을 먹는지 궁금했다. "전화만 하면 모든 것이 다 배달돼요."라며 걱정할 것이 없다고 대답한다.

"날이 풀려서 장사하기 힘들지 않겠다."라고 말하자, 엉거주춤한 자세로 두 손을 앞으로 모으면서 "선생님, 날이 따뜻하면 귤이 다 썩어요." 하며 금방 울 것 같았다. 귤 한 상자를 사 가지고 오면서 가슴이 미어졌다. 집에서 상자를 풀어 보니 정말 썩은 귤이 몇 개 나왔다.

● 비가 온다

비가 막 쏟아진다. 대전 강의를 마치고 오는 밤에 자동차 과일 가게를 찾아간다. 비가 앞이 안 보이게 내리는 이 밤에 이 아이는 가게를 접고 들어갔을까? 멀리 빗속에 자동차가 보인다. 딸기 상자가 차 안에 그득 실려 있고 그 아이는 차 안에 앉아 있었다.

"딸기 주세요." 나이가 든 제자에게 반말이 안 나와 존댓말을 하게 된다.

"선생님, 딸기가 드실게 없어요." "저기 딸기가 한 차 있는데." 의외라는 표정을 지었다.

"딸기는 생물이라서 하루가 지나면 상품가치가 떨어져서 팔 수가 없어요. 더구나 이렇게 비가 하루 종일 오는 날은 습해서 딸기가 먹기에 적합하지 않아요."라고 말하면서 시선을 피한다. "그러면 이 많은 딸기를 어떻게 하려고?" 걱정이 돼서 물었더니 내일 아침에 주스를 할 사람이 찾아오거나, 딸기 잼을 만들 사람이 오면 판다고 한다. 나도 내일 아침에 주스를 만들어 먹겠다고 사 가지고 왔다. 눈이나 비가 오거나 바람이 세차게 불거나 날씨에 이상이 있는 날 나는 몽유병 환자처럼 그곳을 찾아간다.

06

빨간 머리 앤

TV에서 도서관의 시대 「그들은 왜 도서관으로 갔는가?」라는 다큐 On 방송을 보고 세계의 도서관의 규모와 장서에 놀랐다. 방송에서는 '인공지능, 빅 데이터, 사물 인터넷 등으로 일컫는 4차 혁명시대에 어떻게 지식과 정보를 나누며 함께 살아갈지.'라는 취지로 여러 나라의 도서관을 취재한 것을 보여 줬다. 시대마다 변화하는 새로운 역할을 찾아왔던 도서관의 불변의 가치, 예측 불가능한 시대를 살아가는 사람들에게 도서관이 갖고 있는 무한한 가능성을 보여 주었다. 도서관이 책만 읽는 곳이 아니라 토론을 좋아하는 이스라엘의 도서관(이전에 본 것임)을 통해 도서관에서는 소리도 내서는 안 되는 것으로 알았던 내게는 생소하면서도 그들의 토론 문화에 감동을 받았던 기억이 떠올랐다. 다큐 On에서 취재한 도서관에서 보여 준 규모와 그 나라 사람들의 도서관을 이용하는 태도도 놀라웠다. 우리는 도서관 하면 대학생들이 시험공부나 취업준비를 위한 조용하게 공부할 수 있는 공간으로 인식하고 있는데, 그 많은 새로운 지식을 읽고 그것을 토대로 창의적으로 앞으로 나갈 수 있는 정보의 장으로 이용할 수 있는 그곳이 도서관이라는 것을 보여 주었다. 이 프로그램을 보았을 청년, 많은 석학들이 도서관의 개념을 새롭게 발전하는 과학과 문화를 창출하는 토대가 될 수 있다는 신념을 가지고 도서관으로 가는 계기가 됐으면 하는 바람이다.

이 방송을 보고 주말에 딸들과 개방형 도서관을 다녀왔다. 칠십 중반인 내가 무엇을 연구할 것도, 도서관에서 무거운 내용을 찾아 읽을 것도 아니라서 가볍게 들러 볼 수 있는 열린 도서관을 찾았다. '도서관은 성별, 나이, 정치 성향, 학력과 무관하게 사람들을 만날 수 있는 비상업적인 공간'이라고 한(마리 오스터 가르드/덴마크 DOKKI) 관장 말대로 어린아이, 청년, 주부, 연인 등 다양한 층의 사람들이 이용하고 있었다. 한쪽에 가볍게 살 수 있는 매장(옷, 가방, 신발 등), 커피와 빵을 먹을 수 있는 공간, 책방 등이 있어 들러 보았다. 책방에서 고전들을 아주 작은 책으로 만든 것을 보고 반가운 마음에 '빨간 머리 앤'을 샀다.

아이들이 어릴 때 보았던 만화영화로 TV 앞에 앉아 앤의 밝고 명랑하며 자연과 소통하는 순수함과 긍정적으로 모든 것을 받아들이는 모습에 앤을 사랑했던 기억이 있다. 그래서 다른 책들 사이에서 주저 없이 집어 들게 만들었나 보다. 그때 같이 보던 큰딸이 벌써 오십 줄에 들어섰다. '빨간 머리 앤'을 사려 하자, 딸들이 "엄마, 이 책 읽지 않았어?" 의아하다는 듯 묻는다. 나는 "옛날에 너희들하고 만화로만 봤지." 하고 그냥 향수 같아서 사고 싶다고 하자 딸이 책값을 내주었다. 어려운 환경을 긍정적으로 이겨 냈던 앤, 냉정했던 마릴라 아주머니에게 진실한 마음으로 다가가 변화를 주었던 앤을 책 표지에서 보면서 그 옛날 앤을 사랑했던 감정이 조그만 파장으로 책을 집게 만들었나 보다.

07

달인

횡단보도 건널목에서 빨강, 노랑, 파랑 색들이 춤추고 있다. 차 안에서 신호를 기다리며 각 색깔의 사람들을 본다. 그 사람들의 정책, 정치이념, 공약들을 색깔로 결정지으려 하는 행위 같아 '내가 좋아하는 색이 뭐지?' 하고 내게 묻는다. 어른이 되고부터는 색깔에 대한 감각을 잃어버리고 있어서인지 정확하게 색을 고를 수가 없다.

● 현수막 달인

길옆 게시판 앞에 선거에 유권자의 참여를 독려하기 위한 선전용 현수막이 걸려 있다. 그 현수막에 개그맨으로 잘 알려진 달인의 얼굴이 올라와 있다. '왜 달인이 거기에 있을까?' 생각하면서 신호를 받고 지나간다. 달인의 사전적 의미를 찾아보았더니 '널리 사물의 이치와 도리에 정통한 사람이나 특정 분야에 통달하여 남달리 뛰어난 역량을 가진 사람'이라고 되어 있다. 개그 코너의 달인 김병만은 매회 출연 때마다 새로움, 신선함, 도전 그리고 노력을 우리에게 보여 준다. 개그 프로를 볼 때면 이번 주 저 소재를 올리기 위해 얼마나 많은 땀을 흘리면서 피나는 노력을 했을까? 하는 생각은 그 장면을 보는 시청자라면 누구나 같은 마음이었을 것이다. 그것에 대한 대답은 감동의 피드백이다. 어설프지 않은 달인의 모습이 때로는 가슴이 찡하고, 때로는 눈물을 흘리게도 한다. 이러한 그의 얼굴을 총선의 상징으로 그림으로 올린 것은 어떤 이유에서일까?

● 국회로 갈 사람

각색의 옷을 입은 사람들이 국회로 가서 무엇을 어떻게 하겠다고 온통 거리로 나왔다. 초록 옷을 입은 한 사람은 비바람 속에서 홀로 서서 거수경례를 하며 다섯 번째라고 하면서 꼭 국회로 보내 줄 것을 호소한다. 한 사람이 몇 사람을 찍어 줄 수가 있는지 안타깝다. 다양한 색깔 옷을 입은 후보자 모두 간절하게 호소하는 내용은 다 우리를 위하고 나라를 위하고 지역을 챙겨서 잘 살도록 하겠다는 말들이다. 고마운 내용들이다. 그러면 어떻게 고를 것인가? 어떤 사람을 지역경제를 책임질 것인가에 초점을 맞출 것인가, 무상, 무상 하는 복지에 기대볼 것인가? 난수표를 날리는 사람을 어떻게 가려내고, 올바른 정치이념, 지역을 위한 정책으로 승부수를 건 정책을 선택하여 국회로 보낼 수 있는지 우리는 생각을 깊이 해 본다.

달인을 현수막에 올린 이유를 알 것 같다. 국민을 위해서 지역을 위해서 신선하고 도전할 수 있는 여건을 만들어 줄 수 있는 사람, 약속한 정책을 거짓이 아닌 진정으로 실천에 옮길 수 있는 사람을 달인같이 널리 사물의 이치와 도리에 정통한 사람으로 상징화시킨 것으로 생각해 본다. 즉 세상사는 이치가 달인으로 모든 설명이 가능하다는 표현으로 해석이 가능해진다.

● 목련은 흰색으로 고고함을 뽐낸다

담장 너머 목련이 고고하게 머리를 들고 있다.

목련은 주위에 어떤 일이 일어나도 약속한 4월에 제 역할을 다하고 아름다움을 뽐내기 위해서 하얀 꽃이 핀다. 마치 달인의 경지 같은 의미로 생각해 볼 수 있다.

손남주의 목련 시에서처럼 '시절이야 어떻던 담장 너머 가득 목련은 피어났다 / 훤칠한 키에 울안에서도 바깥세상 궂은 일, 갠 일 속으로 다 가늠하고'라고 한 것처럼 빨강, 노랑, 파랑 색들이 춤추는 거리의 후보들 사이에서 하얀 목련은 약속을 지키며 4월에 꽃을 피운다.

08

청소년들아

봄 햇살을 담뿍 받은 나무는 그 끝이 연한 녹색으로 변하고
겨울 눈보라를 이긴 초록 잎들은 새싹들과 멋지게 어우러져
잠 속에서 깨어나는 모습을 보여 주는구나

청소년들아, 꿈을 가져라
그 꿈이 이루어지는 꿈을 꾸어 보아라
그리고 꿈을 자신에게 이야기해 주려무나

너희는 되고 싶은 소망을 위해,
가슴속에 담은 꿈을 위해 계획하고, 확인하고 행동하라
그것을 위해 최선을 다하여 노력하여 보아라

자신의 성공한 모습을 상상하고 이야기로 만들어라
적극적인 사고로 소망의 작은 부분부터 도전하여라
나비의 작은 날갯짓이 우주의 모든 기운을 바꾼단다.

09

건강한 청소년 육성을 위한 문화예술교육

미래사회의 주역인 청소년을 바르고 건강하게 성장할 수 있도록 육성하는 것은 우리 사회의 미래를 책임질 청소년에게 자율적이고 창조적이며 정서적인 문화예술교육이 이 시대의 청소년에게 이루어져야 할 문화 콘텐츠로 요구된다.

● 문화예술교육의 의미

청소년 문화예술교육의 활성화를 위해서는 학교 문화예술교육이라는 교육적 환경의 특성 및 교육체계를 사회문화적인 영역으로까지 확대해서 바라볼 필요가 있다. 2006년 6월에 공표된 '문화예술교육지원법'에서는 문화예술교육을 "문화예술 문화산업 문화재를 교육 내용으로 하거나 교육과정에 활용하는 교육"으로 정의하고 있다. 문화예술교육은 미적 교육, 문화다양성 교육, 여가교육, 매체교육, 문화적 문해(culture literacy)교육 등을 병렬적으로 나열하는 교육이라기보다는, 이러한 교육 영역들이 특별히 지향하는바, 즉 "개인의 미적 창조적 성찰적 소통적 역량을 북돋워 줌으로써 개인의 발전과 성숙은 물론, 사회의 문화적 성장과 성숙을 이끌어 내도록 유기적으로 연계된 교육"이라고 이해할 수 있다. 또한 문화예술교육 개념을 관점에 따라 좁은 의미로 '예술 그 자체의 창작과 감상, 그리고 기예를 가르치는 행위'와 넓은 의미에서 '예술적 정신이나 기법이 활용되는 모든 형태의 교육을 포괄하는 미적 체험을 통한 인격교육'의 의미가 있다.

우리 교육 현실은 교육적 이상을 긍정하면서도 그 실천이 뒤따르지 못하고 있다는 것과 교육과정이 획일적으로 운영되고 있을 뿐 아니라, 학습방법 역시 지나치게 전통적인 교과서 중심으로 치우쳐서 일률적인 지도에서 헤어나지 못하고 있다.

최근 문화예술교육이 교육과정의 운영에 있어서 청소년 문화의 부재로 부각되고 있다. 사실 문화예술 부분과 교육과정에서 건전한 인격과 진취적인 기상 및 바람직한 청소년 문화의 정착을 위한 교육 내용이 구성되어 있지 못한 것이 사실이다. 따라서 예술과 교육과정의 여러 영역을 학교와 사회의 관계에 착안하여 청소년들이 일상생활 속에서 건전한 미적·정서적 가치관을 가지고 자기표현을 통해 자아실현 할 수 있는 청소년 문화의 개발과 정착을 위한 역할과 임무를 증대시켜 나가고자 하는 데 주의를 기울이고 있다. 특히 주 5일제 수업이 이루어지고 있는 시점에서 볼 때, 문화예술교육과 교과의 특성에 비추어 강의식 일제활동을 지양하고 학생들의 개별활동 등으로 편성하여 학생 주도의 다양한 학습활동이 전개되기를 바람이 있다.

● 청소년 문화

청소년 문화는 청소년기에 있는 젊은 세대들이 그들 나름의 행동방식과 행동양식을 모태로 하여 형성한 독특한 문화로서, 전체 사회문화나 주도문화에 대하여 하나의 부분을 이루기 때문에 부분문화 또는 하위문화를 형성한다.

청소년 문화는 청소년들이 갖고 있는 유일한 사고와 이념·감정·장래포부·이상 등을 나타내는 수단으로서, 그들로 하여금 청소년 문화를 통하여 자기들만의 독자적인 생활과 세계를 체험하게 하고 그때 자기가 누구인가를 발견하고 자아정체성을 확립하게 하며, 그들 내부에 내재해 있는 사상·감정·잠재능력 등을 자유롭게 표현하는 매우 중요한 의미를 갖는다.

● 청소년 정서 함양을 위한 음악문화

음악교육학이나 음악에 청소년 음악이 따로 존재하지는 않는다. 청소년이나 성인들이 음악을 듣고 즐기는 데 있어서는 크게 다를 바가 없다. 다만, 연령에 따라 다르게 음악을 받아들일 뿐이며, 음악에 많은 관심과 정보를 가지고 그들의 활발한 청소년 문화를 정립시켜 나가고 있는 것이다.

이 중요한 시기에 문화예술교육의 한 분야인 음악교육은 청소년들이 극단적 반응을 나타내는 경우가 있으며, 감성적·지적으로 충족감을 느끼고 깊이 감동받을 만한 다양한 요소 조건들이 갖추어진 음악수업에서 열정적으로 이를 분출시키며 음악학습이나 활동에 참여하는 경향을 나타내기도 한다.

인간에게 있어 정서는 모든 행동의 기초로서 행동의 표출방법과 방향을 규정하고 더 나아가 모든 정신생활을 지배하게 된다. 따라서 정서는 가장 기본적인 자아체험이다. 특히 청소년기는 다양한 감정이 발달하므로 더욱 정서의 문제가 심각하게 대두되고, 음악이 인간의 정서에 미치는 영향은 매우 지대하다고 할 수 있다.

이 시기에 청소년들에게 미치는 음악의 감화력은 영향력이 크기 때문에 이성에 근거한 가치판단의 능력이 확정되기 이전의 청소년들에게 음악은 청소년들의 정서 함양과 풍요롭고 조화로운 인간성을 완성시키는 데 공헌하는 바가 매우 크다고 할 수 있다.

신설 중학교인 솔밭중학교에서 학생들이 선생님의 지휘 아래 열심히 악기로 연습하는 모습을 사진에 담았다. 30여 명의 학생들은 열정적으로 지도하는 음악 선생님과 호흡을 맞추며 다양한 악기로 조화를 이루어 아름다운 소리를 내고 있다. 그중 유일하게 남학생 한 명이 앞줄 제일 끝에서 플루트를 불고 있다. 지휘하는 음악 선생님께 여쭈어 보았더니 남학생들은 음악활동에 참여하는 학생이 없는데 1학년 남학생이 플루트를 잘할 수 있다고 하여 단원으로 참여시켰다고 한다.

연주회를 위한 연습 장면, 플루트 부는 남학생

"지금 연주한 곡 이름이 무엇인가요?"

"오페라의 유령이에요."

"연주하는 데 어렵지는 않니?"

"네, 내 소리가 틀리게 될까 봐 조심이 되고요, 잘 어울려서 좋은 음악 소리가 날 때는 기분이 좋아요."

박력 넘치는 지휘자 선생님과 조화로운 소리를 만들기 위하여 여기 모인 학생들은 음악을 통해 자기를 조절하는 것을 배우고, 하모니를 위해 배려하는 음악을 실천한다. 음악이 마쳐질 때 지휘자 선생님이 "오케이, 수고했다!"라고 하시며 박수를 쳐 준다. 학생들의 정서를 함양시키고, 스스로들에게 만족감을 주는 연습 현장의 모습에서 에너지가 흐른다.

　이렇게 아름다운 음악 소리는 연주하는 아이들 마음을 열어 주고 또래와 같이 미래를 꿈꾸는 시간이 됐을 것이다. 음악뿐 아니라 미술 등 문화예술 교육활동이 지속되고 장려되어 학교 풍토를 가고 싶은 학교, 꿈을 꿀 수 있는 학교가 되었으면 하는 바람이다.

10

부속품을 갈아 끼우며 100년 사는 시대

오십을 갓 넘긴 여동생이 혈액 암으로 죽은 지 일 년이 되어 목련공원 봉안당을 다녀왔다. 장미가 하얀 담장에 붉게 피어 있는 것도 보지 못하고, 우거진 숲에서 우는 새소리도 듣지 못하고 바람이 되어 자기 사진 앞에 서 있는 나를 스치고 지나간다.

● 부속품을 갈아 끼우며 100년 살자

"언니, 참 좋은 세상이지? 이렇게 좋은 세상에 몸속 부속품들을 갈아 끼우면서 백 살은 더 살아야지."라고 깔깔 웃던 모습도 흐려지고 있다. 병원 응급실에 들어간 지 며칠 안 돼 중환자실로 옮겨져 눈을 감고 있어, 하고 싶은 말도 못 한 채 이곳 목련공원으로 왔다. 자기가 말한 몸속 부속품을 갈아 끼울 시간도 주지 않았다. 병원 가기 얼마 전 동생은 어디 부딪히지도 않았는데 몸에 멍이 퍼렇게 들었다고 얘기하였다. 의학 지식이 없어 그때 이미 혈소판이 파괴되고 있다는 것을 알지 못하여 때를 놓친 것이다.

● 미안하고 미안하다, 동생아!

오늘도 동생은 열두 시가 넘어서 전화를 받는다. "너는 매일 이렇게 늦게 일어나니?" 하고 핀잔을 주면 동생은 "언니, 나 아파." 한다. 이렇게 말할 때마다 어차피 죽으면 계속 잠을 잘 수 있는데 게으르게 늦게 일어나면서 핑계만 댄다고 나무랐다. 뭔가 일을 찾아 하게 되면 규칙적인 생활로 잠도 잘 잘 것이라고 하였다. 동생은 내가 아프다는데 어떻게 상담한다는 사람이 공감능력이 그렇게 떨어지는가 하면서 화를 내곤 했었다. 동생이 죽고 나는 납골당에 올 때마다 차 안에서 소리 내어 통곡하면서 운전한다. '미안하다. 정말 미안해.' 그 아픔을 알아차리지 못했던 내가 미안하고 부끄러워 동생에게 용서를 빈다.

11

나이가 들면 추억도 늙는다

팔십구 세의 어머니는 동생이 죽었어도, 목사였던 오빠가 칠 년 전에 소천하셨을 때도 아무 일도 없었다는 듯이 식사를 잘 하신다.

"엄마, 오빠 보고 싶지 않으세요?" 하고 물으면 어머니는 "보고 싶어도 얼굴이 생각이 나지 않아서…" 하며 말꼬리를 흐리신다. '일상의 모든 것을 오빠에게 초점을 맞추고 계셨던 그 모든 추억을 세월과 함께 잊으셨구나!' 하고 생각하며 늙으면 추억도 같이 늙는 것 같아 서글픈 생각이 든다.

● 청원군 양귀비 꽃밭

청원군 양귀비 꽃밭이 TV에 소개되어 친지들과 그곳을 찾았다. 뉴스에서 본 것처럼 양귀비꽃들이 넓게 펼쳐진 예쁜 꽃밭이었다. 꽃밭에서 젊은 엄마와 아기들, 중년 여성들이 여러 포즈를 취하고 사진을 찍는다. 아름답고 행복해 보이는 연출들이다.

오빠가 떠난 후 어머니를 인천에서 청주로 모셔 왔다. 짐을 정리하면서 어머니가 결혼 전에 친구들과 찍었던 사진, 결혼하여 아버지와 같이 찍었던 사진 그리고 아버지가 젊었을 때 동그란 안경을 쓰고 글을 쓰시던 모습을 담은 사진과 아버지의 잘생긴 독사진 등이 보이지 않아 사진을 어떻게 했느냐고 물어보았더니 이제는 정리할 때가 된 것 같아 모두 불태웠다고 하신다. 그렇게 소중하게 간직하셨던 어머니의 역사를 모두 불살랐다니 놀라웠다.

"엄마, 나를 주시지." 너무 섭섭했다. 6.25 한국전쟁 때 돌아가셔서 어머니가 유일하게 간직하셨던 보물 같은 아버지 사진을 내가 가지고 있었을 것을….

'이제 아버지의 영상은 어머니와 내게서 영원히 지워져 버린 것일까?' 영원한 것은 없는 것이라는 것을 알면서도 섭섭하고 슬픈 감정은 어쩔 수가 없는 것 같다. 저기 양귀비 꽃밭에서 연출하고 있는 저 사람들의 사진들도 언젠가는 정리할 시간이 올 것이라는 생각이 미치자 저 행복한 모습이 영원하기를 기원해 본다.

부속품을 갈아 끼우며 100년 사는 시대에 인간은 행복을 즐기며 살 것인가?

12

예술교육의 관점에서 바라본
스타 오디션 프로그램의 허와 실

● 예술교육의 정의

예술교육(art education)에 대한 정의는 일반적으로 '예술을 위한 교육'과 '예술을 통한 교육'으로 나누어진다. '예술을 위한 교육'은 예술가 육성을 위한 교육으로 예술 그 자체의 전문성을 습득하는 데 목적을 두는 예술 지향적 의미를 가진다. 이는 인간이 가지고 있는 예술적 능력과 창조적 가능성을 개발하여 미적 경험을 갖게 하고, 예술적 표현과 감상의 즐거움을 알게 하는 교육이다. 반면, '예술을 통한 교육'은 예술을 어떤 목적과 실현을 위한 수단적 가치로 보는 것으로 예술을 통해 전인적 인격을 형성하고자 하는 교육이다.

다양한 예술의 정의를 통하여 공통되는 것은 과학과는 달리 인간의 주관적인 내부 의식의 표현이라는 점과 감성으로 표현되는 특수한 의식을 내포한다는 점이다.

예술교육과 관계있는 것은 단순히 예술의 창조를 통한 작품의 산출이나 표현뿐만 아니라 예술적 경험과 감상, 그것들에서 감지되는 예술적 인식, 예술 내용의 형식 문제 등이다. 또한 존 듀이는 '예술교육의 목적은 예술교육을 통해 삶의 질을 향상시키고 전인격체로서 인간의 성장을 도와주기 위한 것'이라고 정의하였다.

● 예술교육의 목적

예술교육의 목적은 예술의 정의 및 과정·결과 등과 깊이 관련해서만 이해될 수 있다. 구체적으로는 시대와 사회, 또는 이론에 따라 달리 전개될 수 있으나 그 공통적인 목적은 다음과 같이 설명할 수 있다. 예술적 인식의 성격은 본질적으로 가치와 밀접하게 관계되어 있기 때문에, 가치교육과 도덕교육의 기초로서 의미를 갖는 것이다.

그러므로 예술교육이 전체 교육, 즉 인간 형성이라는 목표 속에서 차지하는 목적은, 예술이 갖는 창조·감상·향수(享受)를 통하여 감각능력이나 활동능력을 기르며, 또한 예술만이 갖는 독특한 의미와 경험에서 정서와 감성을 계발·세련시키고, 나아가서는 도덕성 함양에 이바지하며, 세련된 즐거움의 태도와 기호를 기름으로써 인격의 기초를 형성하는 데 있다고 할 것이다.

● 예술교육의 범주

예술교육의 범주를 그 대상과 목적에 따라 구분하여 첫째, 중·고등 예술학교나 사설학원, 대학의 예술 관련 학과의 프로그램을 통하여 직업예술가를 양성하려는 목적의 예술교육과 둘째, 초·중·고등학교 등의 공교육에서 학생들의 창의성과 인성을 개발하고 인간과 사회에 대한 이해를 함으로써 민주사회의 한 일원으로서의 사회성, 자기표현 능력 등을 높이는 목적의 예술교육, 셋째, 문화센터, 극장, 박물관, 미술관의 교육 프로그램 등 개인의 취미활동이나 예술작품의 이해와 감수성의 개발 등에 더 중점을 두고 있는 예술교육 등으로 구분하고 있으며, 각 예술교육의 목적 속에는 '예술을 위한 교육'이나 '예술을 통한 교육'이 서로 배제되지 않은 상태에 있으며, 이 두 종류의 교육적 기능들은 각기 개별적으로 작용한다기보다는 상호 보완적으로 작용할 때 교육적 상승효과를 보는 것이 일반적이고, 예술교육의 자율성과 타율성의 문제에 있어서 중복된 개념이라는 데 합의가 이루어지고 있다.

● 예술교육의 문제점

과거 산업사회에서는 학생들에게 일방적으로 정보를 전달해 주는 교육방법이 효과적이었지만, 현재의 아이들은 메스미디어의 급격한 발전으로 더 적극적으로 변모하고 있고 이에 발맞춰 나가기 위해서는 새롭고 창의적인 교육이 필요하다. 이미 오래전부터 예술교육의 중요성을 강조해 온 선진 국가들의 경험을 통해, 예술교육을 받은 학생들은 호기심, 학습능력, 적극적 태도 등이 뛰어나고 사회적 문제 해결과 통합능력에서도 차이를 보이는 것을 알 수 있다. 이러한 이유를 바탕으로 질풍노도의 청소년 시기에 학교에서 행해지는 예술교육의 중요성은 더욱 강조된다. 우리의 예술교육은 입시 위주의 교육환경과 예술교육의 인식 부족으로 유명무실화되고 있으며 예술은 대학 입시를 위한 수단이거나 기술 연마의 측면에서만 강조되어 왔다. 청소년들의 잠재력을 일깨워 주고 무한한 가능성을 열어 주지 못하는 교육현실은 현대사회에서 많은 청소년 일탈의 문제들의 요인이 되고 있다. 예술교육의 중요성을 인식하고 변화를 주도해야 할 교육 당국의 예술정책은 도리어 예술교육의 소외를 더욱 심화시킬 우려가 있다는 문제점을 지적할 수 있다.

● 스타 오디션

대한민국은 지금 오디션 열풍에 빠져 있다. 케이블 TV에서 시작된 오디션 열풍은 광풍이 되어 지상파까지 완전히 점령할 기세다. 아이돌 서바이벌 오디션 프로그램은 현재의 아이돌 시장을 더욱 확고히 하고자 하는 대형 기획사와 새로운 포맷의 서바이벌 오디션을 만들고자 하는 방송사와의 요구와 결합에 의해 만들어지고 있다.

스타 오디션은 꿈을 찾는 사람들이 만들어 가는 각본 없는 드라마가 주는 감동은 그 어떤 예능 프로그램의 강도보다 훨씬 크다. 수많은 시청자들은 꿈을 따라 끝없이 달리는 도전자들과 함께 웃고, 또 함께 눈물을 흘린다.

영국의 '브리튼즈 갓 탤런트(Britain's Got Talent)'는 폴 포츠 등 걸출한 스타를 배출하며 '스타 등용문'으로 자리 잡았다. 이러한 오디션 프로그램은 자칫 꿈을 포기할 뻔한 사람에게 기적과 같은 놀라운 일을 행하기도 한다. 휴대폰 외판원이었던 폴 포츠는 '브리튼즈 갓 탤런트' 오디션을 통해 일약 세계적인 스타가 됐다. 자신감이 부족해 꿈은 늘 꿈일 뿐이라 여겼던 폴 포츠의 성공은 많은 사람들에게 자신감을 불어넣었다. '꿈은 이루어진다.' '하면 된다.'는 기적을 일궈 낸 폴 포츠에게 있어서 스타 오디션 프로그램이 없었다면 이룰 수 없는 너무나 먼 꿈이었을지 모른다.

여러 가지 우려와 논란에도 스타 오디션 프로그램은 기회를 잡지 못한 조연들을 인생의 주연으로 단 한 번에 끌어올릴 수 있는 큰 힘을 가지고 있다. 그 힘은 '자고 일어나니 스타가 되어 있었다.'라고 놀라는 일, 영화 같은 이야기가 일어날 수 있는 일인 것이다.

● 스타 오디션의 허와 실

연예인을 지망하는 인기는 식을 줄 모르고 갈수록 뜨거워진다. 그 열기는 인터넷, 거리, 학원, 방송사, 영화사 그리고 연예 기획사 등 곳곳에서 감지된다. 인터넷 캐스팅 사이트에는 수만 명의 청소년들이 자신의 프로필과 경력을 올려놓고 발탁되기만을 기다리고 있으며, 방송사나 영화사의 오디션장에는 유치원생부터 10대 초등학생들이 문전성시를 이루고 연기, 노래학원에는 비싼 수강료에도 불구하고 어린 학생들로 만원을 이루고 있다. 연예인이 되려는 청소년들의 증가 추세는 가파른 상승 곡선을 그린다. 연예인 지망 붐에 이제는 유치원생, 초등학생들까지 가세하고 있어 마치 연예인 지망생 공화국을 연상시킨다. 무엇이 수많은 어린이와 청소년들을 연예계를 향해 돌진하게 만드는 것일까. 우선 연예계에 대한 어린이와 청소년 그들의 인식 변화에서 찾아볼 수 있다. 이런 현상은 어린이뿐만 아니라 부모들의 연예인에 대한 인식 변화도 스타 붐을 조성하는 데 한몫하고 있다.

● 왜 오디션 프로그램에 열광하는가

사람들이 오디션 프로그램에 열광하는 이유는 오로지 실력과 능력으로 평가받고, 평가하는 데 있다. 그 사람이 어느 지역 출신이고, 어느 학교를 나왔는지는 중요하지 않다. 현실에서는 능력이나 자질보다 지연, 학연 등 온갖 연줄이 우선시되고 있다 하더라도 여기서만큼은 "그래선 안 된다", "그렇지 않을 것"이라는 확신이 사람들을 오디션 프로그램 앞으로 끌어당기는 구심력으로 작용하고 있는 것 같다. 이를 통해 이기는 게 정의가 아니라 이긴다는 지극히 평범한 진리를 되새기며 대리만족을 느낄 수 있다.

오디션 프로그램을 두고 시청자가 만들어 가는 프로그램이라고 한다. 오디션의 예선전은 모두 심사위원이 평가하지만, 진정한 최후의 1인은 시청자가 뽑기 때문이다. 오디션 프로그램은 시청자들의 적극적이고 솔직하며 당당한 의견이 반영된 곳이다. 특히 소셜 네트워크의 활용으로 시청자들은 자신들이 즐기기 위해 방송에 참여하고 의견을 제시한다. 그러면서 시청자들은 행복을 추구한다. 이제 TV는 제작자와 시청자가 일치되는 시점에 있다. 이것은 오디션 프로그램이 향후 우리나라 방송 프로그램의 미래를 예측해 볼 수 있는 쌍방향 커뮤니케이션의 결정체라고 할 수 있다.

● 아이돌 스타, 화려함 뒤에 숨겨진 어두운 그늘

대다수의 사람들은 아이돌을 보며 열광한다. 자신도 그처럼 됐으면 하고 허황된 꿈을 꾸기도 하고 아이돌의 춤과 노래를 따라 하며 즐거워한다. 아이돌 그룹 열풍이 불면서 이른바 '연예인 고시'에 목매는 청소년도 폭발적으로 늘고 있다. 그러나 이들은 아이돌의 화려함 속에 감춰진 실상을 알지 못한다.

아이돌로 성공하기 위해서는 먼저 연습생 단계를 거쳐야 한다. 문제는 연습생들의 인권 수준이 바닥이라는 사실이다. 살인적인 일정, 사생활 침해는 물론이고 구타와 욕설이 가해지는 경우도 있다. 본인의 의사와는 상관없이 성형수술을 강요당하기도 한다. 이뿐만 아니라 가수가 되어 세상의 주목을 받고 싶은 연습생들에게 학교와 공부는 귀찮고 의미 없는 존재로 받아들여진다. 문제는 이들이 한 사회의 구성원으로서 마땅히 받아야 할 정규교육과정을 등한시하면서 왜곡된 인성을 키워 갈 가능성이 높다는 것이다. 연습생들은 살인적인 훈련을 받고 비인간적인 대우를 받지만 데뷔조차 하기 힘들고, 데뷔를 해도 성공하기는 하늘의 별 따기다. 이에 대해 전문가들은 '예비 스타'들이 청소년 시절부터 억압된 생활 속에 왜곡된 가치체계를 갖게 되는 것이 걱정스럽다고 지적한다. 연예계 생활은 시작부터 힘 있는 자들로부터 폭력적 대우를 받기 때문에 스타가 돼도 문제가 많다 "사회적 물의를 일으키는 사고 연예인들 중 일부도 성장과정에서 그런 문제를 갖고 있었을 가능성이 높다."고 말했다. 또한 아이돌을 꿈의 대상으로만 보는 어린 학생들에게도 문제가 있으며, 아이돌의 화려한 면만 부각시키는 매스컴과 사회 풍토가 이를 조장하고 있다. 연예인을 지망하는 어린이나 부모는 스타 신드롬 뒤에 숨겨진 냉엄하고 차가운 현실 그리고 예상치 못한 문제, 철저한 상업 논리를 알아야 한다. 자녀의 적성과 전문가의 객관적 평가가 있은 후 연예계 진출을 준비해도 늦지 않다는 것이 아이돌을 걱정하는 사람들의 생각일 것이다.

13

학교폭력

학교폭력이란 학교 안이나 밖에서 학생 사이에 발생한 상해, 폭행, 감금, 협박, 약취·유인, 명예훼손·모욕, 공갈, 강요 및 성폭력, 집단 따돌림, 정보통신망을 이용한 음란·폭력 정보 등에 의하여 신체·정신 또는 재산의 피해를 수반하는 행위로 정의될 수 있다.

최근의 학교폭력은 너무 무차별적이어서 누가 어느 순간 피해자가 될지 모를 정도이다. 하지만 많은 부모들은 걱정은 하면서도 실제 학교폭력이 일어났을 때 어떻게 해야 할지, 또 이를 방지하기 위해서 어떻게 해야 할지는 모르는 실정이다. 그리고 학부모가 자신의 자녀를 정확하게 이해하는 것이 학교폭력을 예방하는 첫걸음이라는 인식은 하고 있으나 방법을 모르는 경우가 많다. 이에 학교폭력 예방교육을 '모든 학부모'로 전면 확대하여 학부모교육의 공간을 직장, 민간단체 등 교육청┌학교 밖으로 확장하는 추세에 놓여 있다.

학교는 교사와 학부모, 지역사회가 상호 긴밀한 관계 속에서 학생들의 올바른 성장을 지원하도록 설계된 제도이다. 어느 일정한 지역을 기반으로 교육이라는 공동의 목적을 공유하는 집합이자 공동체로서의 특성을 지닌 사회적 제도이고 조직이다. 따라서 학교가 교육적 책임을 다하고 역할을 수행하기 위해서는 교육 주체들 간의 신뢰에 바탕을 둔 협력이 중요함에도 불구하고 교육 주체들 간의 대립과 갈등, 이로 인한 불신으로 오늘날 학교교육의 기능은 더욱 약화되고 있다.

학교폭력은 전 세계적으로 만연해져 있는 현상으로 어떻게 정의되느냐에 따라 학교폭력의 가해자와 피해자의 실태는 확연하게 달라진다. 학교폭력의 정의를 직접적인 폭력에만 제한한다면 피해자의 수는 소수일 것이지만 단순 욕설까지 학교폭력에 포함한다면 대부분의 학생이 가해자이자 피해자가 될 수 있다. 즉, '학교'를 물리적 공간으로 볼 것인가 아니면 일반적인 교육 현장으로 확대해서 이해할 것인가, 가해자 및 피해자를 학생이라는 신분으로 볼 것인가, '폭력'을 정의하는 데 있어 의도와 형태 그리고 심각성을 무엇을 기준으로 평가할 것인가 등이 종합적으로 고려되어야 하는 것이다.

오늘날 학교폭력의 양상은 질적인 면에서 흉포화되고 조직화되면서 폭력의 심각성이 높아지고 있으며, 가해자와 피해자가 저연령화되고, 남학생 편중에서 여학생으로 확산되어 가고 있다. 이에 학교폭력 문제는 피해 학생과 가해 학생 중심의 개인 상담을 넘어 보다 종합적이고 적극적인 '위기 개입'의 필요성이 대두되고 있다. 학교폭력 발생의 구조적·근본적 문제 해결 없이 개인에 대한 상담으로는 재발을 방지하고 피해자를 보호하고 가해자의 행동을 교정하기가 어렵게 되었다. 따라서 근본적 문제 해결을 위해서는 사건으로 인한 피해와 그에 따른 폐해를 해결하고 교육적 차원에서 당사자들이 화해하고 이들의 삶을 회복하게 하는 복합적이고 종합적인 개입이 요청되고 있는 것이다. 또한 학교에서 갈등과 대립이 문제 행동의 훈육과정과 밀접하게 연결되어 있는 만큼 학교는 교육적 책임을 가진다.

학교폭력에 따른 갈등은 해결과정에서 악순환의 구조를 가지며 공동체 전체의 위기로 발전한다. 학교폭력에서 가해자는 사건의 상황과 맥락에 대한 고려와 이해 없는 일방적 처벌을 수용하지 못하고 오히려 해결과정의 피해자로 스스로를 인식하고 학교와 상대 피해자에게 분노한다. 피해자 역시 피해자로서 학교나 사법제도 안에서 충분한 보호를 받지 못한다고 생각하면서 억울한 감정을 가지게 되고 피해보상에 나서지 않고 책임을 회피하는 가해자의 태도와 학교의 대처에 상처받고 피해자 정체성을 강화한다. 갈등 속에서 당사자들의 감정은 회복되기 어려울 정도로 훼손되고 적대적 대립으로 학생뿐 아니라 보호자에 대한 응보적 처벌이 해결과정에 주요 쟁점으로 발전하기도 한다. 또한 해결과정에서 생긴 학교에 대한 불신과 교사에 대한 실망은 학교 공동체의 주체들 간의 상호 신뢰를 잃어버리게 만든다. 학생들은 사건 이후 학교의 적응에 어려움을 호소하고 학부모들은 수동적 학교교육에 참여하기보다는 학교와 거리를 두어 참여를 꺼리게 된다. 교사들 역시 사건 처리의 과도한 스트레스로 교육현장에 대한 신망이 무너지고 자괴감을 가지면서 갈등은 학교 공동체 전체의 위기감을 조성한다.

학교 현장에서는 학교폭력뿐 아니라 다양한 문제들이 일어나고 있으며 학교와 교사는 적절한 교육 개입을 통해 학생들의 문제 행동을 수정하고 이로 인해 발생되는 대립과 갈등을 해결해야 하는 두 가지 과업을 가진다. 하지만 학생들의 생활을 지도하고 훈육하는 것과 더불어 이에 따른 갈등을 해결하는 것이 분리된 별개의 교육활동은 아니다.

학교폭력은 학교폭력대책법에 의거하여 학교폭력 대응체계가 구축되었으나 학교 및 교육현장에서는 학교폭력대책법의 기본 취지인 피해 학생 보호와 가해 학생의 선도를 통한 교육적 사안 처리라는 입법 취지가 학교 현장에서는 실현되지 못하고 있다. 학교폭력대책법은 사건에 대응하기 위해 중앙정부를 중심으로 각 교육청과 학교에 학교폭력에 대응하는 책임기구를 두도록 하였다. 각 학교는 학교폭력 전담기구를 설치하고 학교폭력 자치위원회를 구성하여야 하며 학교폭력이 발생하였을 경우 자치위원회를 소집해 피해 학생과 가해 학생에게 교육적 처분을 내리고 사건을 처리해야 한다. 그러나 많은 학교들은 상급기관에 보고하여 자치위원들을 소집해야 하는 복잡하고 공식적인 자치위원회를 택하기보다는 학교 내 징벌기구인 선도위원회를 통해 비공식적인 방법으로 처리하고 있다. 이러한 처벌 중심의 사안 처리로 인해 가해 학생의 선도와 피해 학생의 보호를 위한 교육적 처분은 제대로 이루어지지 못했다. 또한 자치위원회가 소집되더라도 투명한 사건 처리를 위해 위촉된 외부 전문위원들의 참여가 현실적으로 제대로 이루어지지 못했다. 결과적으로 학교 교사와 행정가 중심의 내부 위원으로 자치위원회가 이루어지고 있어 피해자와 가해자의 필요와 욕구가 제대로 반영되지 못하고 학교 중심의 편의적 행정 처리가 이루어졌다. 이와 더불어 학교폭력대책법 자체가 기존의 형사사법 내의 소년법과의 혼선으로 인해 사건 당사자들은 교육적 처분과 사법적 처분을 동시에 받게 되면서 실제적인 이중 처벌을 경험하게 되고 이는 대응체계에 불신과 불만으로 이루어졌다.

학교폭력 이후 당사자들은 합의를 통한 빠른 문제 해결을 요청받지만 외부적 지원 없이 이루어지는 당사자 간의 개별적 노력은 해결과정에 대한 정보와 경험의 부족에 따른 혼란, 대립관계에 있는 상대방과의 의사소통의 어려움, 상호 간의 미숙한 대처로 인한 오해 등으로 오히려 적대적 감정을 가지게 된다. 결과적으로 당사자들의 필요와 욕구를 반영하기보다는 규범에 따른 일방적 처분으로 피해자와 가해자 당사자들의 갈등을 심화시킬 뿐 아니라 당사자들과 학교의 갈등도 악화시켰다.

학교폭력 당사자들의 기본적인 욕구는 가해자를 처벌하는 것이 아니라 자신의 피해를 근원적으로 해결하는 것이지만 현재의 학교폭력 사건은 실제적인 피해 회복을 위한 당사자들의 욕구를 반영하지 못하고 있다. 이처럼 자신들의 실제적 필요와 욕구는 무시당하고 제도와 체계 안에서 소외되는 당사자들의 직접적 욕구는 사건 해결에 있어 주체로서 참여하고 피해 회복을 위한 대안을 결정하는 것이다. 자신들의 고통과 어려움을 직접 말하고 상대편에게 인정과 존중, 위로와 배려의 말을 원하며 자신들의 회복 조건을 토의하고 나아가 자신이 용서하고 화해할 수 있는 주체적인 결정의 권한을 당사자들은 원하고 있다.

사람들은 오랫동안 응보적 패러다임에 기반한 사회제도와 체계 안에서 이를 생활세계의 원칙으로 당연하게 받아들이고 신념으로 삼고 있었다. 안전한 사회가 되기 위해서는 강력한 법 집행을 통해 처벌이 이루어져야 한다는 것은 사회의 필수불가결한 원칙으로 인식되었다. 하지만 학교폭력에 따른 갈등의 당사자들은 처벌 중심의 응보적 해결과정에서 불신과 오해가 커졌으며 갈등이 심화되었고 결과적으로 피해보상 및 관계의 회복과 같은 실제적 문제 해결에 이르지 못했다. 이러한 교육 현실 속에서 학교폭력과 같은 문제 행동으로부터 갈등을 예방하고 나아가 성장과 변화의 교육적 기회로 전환시키기 위해서 처벌 중심의 응보적 대응이 아니라 새로운 패러다임으로의 변화와 실천을 필요로 하고 있다.

14

마음이 아프다

카톡으로 사진이 왔다. 시집 안 간 골드미스 딸이 보낸 것이다. 시집도 안 가고 고양이 세 마리와 사는, 내 마음을 먹먹하게 만드는 딸이다. 사진을 보고 있는데 딸에게서 전화가 왔다. "엄마, 우리 아가들 너무 예쁘고 귀엽지?" 하며 답을 요구한다. "그래, 정말 예쁘다." 하고 대답은 하지만 '우리 아기들이라니.' 사진관에 데리고 가서 사진 찍느라 지쳤다고 한다. 연휴에 우리 집에 내려와 며칠 지내다가 고양이 세 마리를 차에 태워 떠날 때 나는 울컥하고 가슴에 눈물이 맺힌다. 결혼해서 손주들을 데리고 다녀간다면 웃으며 보낼 수 있는 장면인 것을 고양이 세 마리를 데리고 다니는 딸의 모습은 나를 슬프게 한다.

아침에 TV 클래식 채널에서 베토벤의 피아노 협주곡 5번 '황제'를 연주한다. 2020년은 베토벤 탄생 250주년이라고 FM 라디오에서도 특별 프로그램으로 베토벤 곡만을 하루 종일 내보내기도 했다.

젊은 연주자는 피아노 건반에서 손가락이 춤을 추고 있다. 저 어려운 곡을 듣는 것도 어려워하는 사람도 많은데 곡을 즐기면서 곡 속에 빠져서 연주하는 모습을 보면서 얼마나 노력하고 인내했을까 생각하면서 듣는다. 나는 곡을 즐기는 것이 아니라 훌륭한 곡을 작곡한 베토벤과 그 곡을 연주하는 젊은이, 연주자의 능력을 맘껏 발휘하여 좋은 연주회가 될 수 있도록 땀 흘리는 머리가 희끗희끗한 지휘자, 지휘자에 맞춰 연주하는 연주자들 그 모든 것에 감탄하고 감동하며 연주를 본다.

우리 아이들을 어린 나이부터 피아노학원에 보냈다. 바이엘을 마치고 다음 단계로 올라갈 때마다 힘들고 어렵다고 연습을 게을리하더니 결국 피아노 치는 것을 그만두었다. 내가 우리 아이들이 피아노를 얼마나 힘들어했는가를 알기 때문에 모든 연주자들과 부모들의 노력과 인내를 칭찬하며 박수를 보낸다. 특히 골드미스 딸은 피아노를 전공시키려 했으나 성악으로 파트를 바꾸어 버렸다. 그리고 자식이라며 고양이 세 마리와 살고 있다.

제4장

색깔 있는 영성
(Spirituality)

우리는 백지로 태어난다

하나님은 우리를 모두 하얀 백지 상태로 세상에 보내신다. 어느 부모는 하나님을 알게 하면서 백지 위에 자기의 그림을 멋지게 그려 나갈 수 있도록 양육하는가 하면, 어느 부모는 가슴에 슬픔과 분노를 키워 주는 경우와 어깨에 무거운 짐만 지우는 부모가 있어 도화지가 엉망으로 그려진 것도 있다.

우리 신앙인들은 슬픔과 분노로 타인에게 해를 입히거나 방황하는 이웃의 아이들, 삶을 힘겨워하며 낙서나 삭막한 그림, 그리고 어두운 그림을 그려 넣었을 그들의 도화지 위에 예수님의 십자가를 그려 넣을 수 있도록 도움을 주면 어떨까 생각해 본다. 하나님이 기다리고 계시다는 메시지를 가슴속에 머릿속에 넣어 주는 것이다. 어느 날 문득 그들이 하나님을 생각하고 주님을 찾아와 조심스럽게 교회의 문을 두드리면, 우리는 조용하게 그들을 맞이하면 좋을 것 같다. 17세기 영국의 경험주의 학자 존 로크의 백지설을 지지하면서 모두 선하게 태어난 우리는 백지 위에 하나님의 세계를 그려 나갈 수 있으면 하는 바람이다.

기도

2020년 8 여전도회 회장을 순서에 따라 해야 된단다. 누구를 위해 기도해 본 적이 없는 내가 회원들을 위해 기도를 어떻게 해야 할지 난감하다. 교회에 와서도 '감사합니다!'라는 기도 말 외에는 잘 하지 않는다. 생각하면 매사가 감사뿐인 것을….

중학교를 졸업하고, 힘들게 사셨던 어머니는 돈을 벌어 오라고 고등학교를 보내지 않았다. 나는 하늘을 쳐다보며 '하나님, 저 학교에 가고 싶어요. 보내 주세요.'라고 기도했다. 며칠 후 동네 고등학교 과학 선생님이 내 얘기를 들었다고 하면서 신설 고등학교에 중학교 성적을 가지고 장학생으로 입학을 시켜 주었다. 선생님께서 과외 공부를 시킬 수 있도록 동네 초등학교 아이들을 모아 주셨다. 이것이 내가 족집게 과외 선생이 된 시작이었다. 그 선생님께 지금도 감사드린다. 그래서 나는 무슨 어려운 일이 있을 때 하늘을 쳐다보며 걸으면서, 차 안에서 운전하면서 하나님께 이야기하는 것이 기도하는 습관으로 되어 버렸다. 가슴에 두 손을 얹고 '저와 동행하시는 주님, 제 생각을 다 읽고 계시지요? 감사합니다.'라고 혼잣말을 하곤 하는 것이 기도라고 생각하고 있었는데, 그런데 큰일이 난 것이다. 어떻게 기도해야 할 것인지 걱정이 태산이다. 그때 누군가 내게 기독서점에 가면 기도문 책이 있으니까 걱정하지 말고 상황에 맞는 내용을 찾아 연습하라고 한다. 어, 정말, 나 같은 신자들이 또 있다는 얘기가 아닌가! 그렇다면 다행이다. 좋은 기도 글을 찾아 연습하다 보면 나도 기도문이 열릴 수 있는 기회가 되지 않을까 생각해 본다.

내가 죽거든 사랑하는 이여

(When I am dead, my dearest: Christina Rossetti, 1830−1894)

'내가 죽거든 사랑하는 이여, 날 위해 슬픈 노래를 부르지 마세요. 생각나시면 기억하시고 잊고 싶으면 잊어 주세요.'라는 시를 생각하면서 어머니가 계신 납골당을 또 간다. '엄마, 나 어제 심하게 체해서 아팠어!'라고 하자, 어머니는 '그래? 너 먼저 가도 괜찮다. 나는 우리 주님이 지켜 주셔서 너 먼저 가도 주님께서 나를 돌보시니까 내 걱정은 하지 말거라.' 하신다. 목사이셨던 오빠와 여동생을 먼저 보내고 나만 남았는데 어머니께서는 내게 당신은 하나님이 사랑하시는 자녀이기 때문에 좋은 날 좋은 시를 받아 주님나라로 데려가실 것이라며 먼저 가라고 말씀하셨다. 추석에 인천에서 올케와 손자들이 와서 예배드릴 때 웃으시며 매우 큰 소리로 찬송하셨다. 조카들 손을 잡고 잘 가라고 배웅하시며 손을 흔드셨다. 다음 날 오전 6시쯤 요양원에서 어머니가 운명하실 것 같다는 전화를 받았다. 믿기지 않아 천천히 준비하고 갔더니 숨을 몰아쉬신다. 직원분이 어머니를 위해 기도해 드리라고 하는데 나는 못 하겠다고 하였다. 직원은 아직 귀가 열려 있으니 귀에 대고 마지막으로 하고 싶은 말을 하라고 하였으나 그냥 있었다. 정신을 차리고 "엄마, 그동안 수고 많았어요. 잘 가세요! 오빠와 할머니, 동생을 만나 잘 지내고 있어."라고 말하고 앉아 있었다. 젊은 나이에 혼자되어 오로지 하나님을 섬기며 아들을 목사로 만드시고 믿음으로 어려움을 이기시면서 절대 신앙으로 죽음을 주께 맡기셨던 것 같았다. 어머니께서 말씀하신 대로 좋은 날 좋은 시에 하나님의 부르심을 받고 주님의 곁으로 가셨다. 어머니의 대단한 신앙의 힘이 사위를 교회로 나올 수 있는 길을 열어 주셨다. 그리고 신앙의 씨를 심어 주셔서 교회에서 내 옆자리에 앉아 예배드린다. 감사의 기도를 드렸다. 나는 늘 기도하시며 성경을 읽고 계시던 어머니를 기억할 것이다.

04

누가 바람을 보았나
(Who has seen the Wind?)

'누가 바람을 보았나? 나도 아니고 당신도 보지 못했지

그러나 나뭇잎이 흔들릴 때 그 사이로 바람이 지나고 있지

－크리스티나 로제티의 시 중에서－

   교회를 다녀온 유치원 아들이 "엄마, 내가 교회 종탑 끝까지 올라가 봤는데 예수님이 없더라?" 한다. 교회에서 돌아온 초등학생 작은딸이 "엄마, 오빠 오늘 헌금 안 냈다." 하고 오빠 눈치를 본다. 초등학생이 된 아들이 "목사님은 일을 안 하고 왔다 갔다만 해서 헌금을 낼 수 없어!"라고 답하고 손에 꼭 쥐고 있던 천 원을 내게 내민다. 초등학교 고학년이 된 아들이 '교회는 왜 우리나라 역사는 가르치지 않고 다른 나라 사람들하고 그 역사를 가르치지?'

   교회를 다녀오면 이유가 많고 엄마는 보지도 못한 하나님을 어떻게 믿는지를 따져 묻는다.

   아이들이 어렸을 때 나는 가슴속에 주님이 계셔서 주님을 보고 안 보고의 차원은 아니지만 아들이 궁금해하는 부분을 제대로 설명하지 못했다. 지금도 그때 아들이 했던 질문에 대한 대답을 잘은 할 수 없지만 나와 동행하시며 내 생각을 읽고 계시는 주 하나님을 믿기 때문에 아들에게 설명하는 대신 아들이 주님을 영접하기를 바라고 있을 뿐이다.

어느 날 아들이 성경 찬송이 바뀌었는지 안 맞는다고 새것을 사서 보내 달라고 한다. 가죽으로 된 좋은 것으로 사서 보내 주었다. 아들이 송금을 해 주면서 왜 이렇게 비싼 것으로 샀는지 투덜댄다. 네가 평생 옆에 두고 읽을 것이라 좋은 것으로 했다고 말해 주었다.

「아들이 주님을 보았구나!」 육군 중령인 아들이 자신의 아들을 데리고 교회를 나가고 있다고 한다. 작은 나뭇잎의 흔들림이 바람을 몰고 오듯이 신앙의 바람이 아들 가슴에 파장을 일으킬 것을 믿고 기다려 본다.

05

편견을 넘어

좋은 기회로 바우처 여자 안마사에게 안마를 1년 동안 받을 기회를 얻었다. 예순에 가까운 마른 체구의 안마사와 인연을 맺어 주 1회 목요일 오후는 기다려지는 날이다. 두 번째 안마 받는 날 "교회 다니세요?" 묻는다. "네. 왜요?" "전도하려고요." "교회 나가세요?" 내가 물었다. "네. 교회 성가대에 앉아서 찬양하지요." 나는 의아해했다. "어떻게 찬양을 하지요?" 상상이 되지 않아 얼결에 질문을 했다. 맹인이 교회에서 성가대에 앉아 찬양을 한다는 것을 생각해 본 적이 없기 때문일 것이다. 안마사는 곡을 인터넷에서 다운받아 점자 찬송가로 연습하고 출력한 악보를 짚어 가며 찬송한다고 설명을 한다. 장애가 있는 본인은 여기서 전도하는 것과 성가대에서 노래로 주님께 봉사할 수 있는 것에 감사드린다고 한다. 나는 주일에 한 번 예배에 참석하는 것으로 신앙인임을 말하고 있는데 장애인의 신앙을 그들만의 공간에서 하는 것으로 생각하는 편견을 가지고 있었음을 반성하였다. 이번 주 오후에 방금 구운 팥빵을 사 가지고 갔다. 아주 좋아한다. 안마를 하면서 "성경을 어디까지 썼어요?" 하고 물어 "욥기를 쓰는 중이에요."라고 대답했다. 본인은 어제 사사기 19장 25-30절을 쓰다가 그만 쓰기를 중단하고 마음이 아파 많이 울었다고 하며 그 구절을 말한다. 나는 그 성경 구절에서 '이게 말이 되는가?' 정도로 그냥 지나쳤는데 안마사는 나와는 성경 보는 것의 깊이가 다름을 느꼈다. 그 사람은 점자성경을 세 번 읽고 쓰는 것은 처음이란다. 읽은 후 쓰는 안마사와 무슨 말인지도 모르고 진도만 나가는 나와는 큰 차이가 있는 것 같다. 성경 쓰기가 끝나면 나도 성경을 느끼면서 읽는 신앙인이 되어야 하지 않을까?

플로리다에 있는 성당(제자 김태진 그림)

06

단풍이 설악에 있네

가을을 보러 8 여전도 회원들과 속리산을 갔다. 산에 간다는 즐거움으로 속리산에 도착하여 산으로 가는 길을 따라 걷기 시작하였다. 조금 가던 중 두 사람이 밑에서 기다린다고 대열에서 떨어진다. 그다음 나와 또 한 사람이 법주사 입구에 놓인 돌다리도 못 건너고 볕이 드는 벤치에 앉아 아직 단풍이 들지 않은 속리산 숲길을 보면서 우리는 이야기를 나눈다.

백두산을 오르고 대청봉도 넘었었는데 평지도 제대로 걷지도 못하는 것이 안타까웠다. TV에서 '가을이 여기 있네(Autumn is Here)'라는 그림을 보고 갑자기 단풍 보러 설악산에 가기로 마음먹고 계획도 없이 가잔다고 싫다고 한 남편을 두고 혼자서 아침 일찍 출발하였다. 차 안에 있는 십자가를 손에 꼭 쥐고 '주님, 저 오늘 단풍 보러 설악산 가요. 동행해 주세요.' 기도하고 떠난다. 오색 단풍 계곡, 한계령을 넘어 단풍을 즐기는 관광객들과 어울렸다. 케이블카로 설악산을 올라 동해를 보았다. 설악산을 뒤로하고 강릉 경포대에서 파도를 보며 모래 위를 걷는다. '주 하나님 지으신 모든 세계'를 핸드폰에서 찬송을 켜고 큰 소리로 따라 불렀다. 오빠는 내가 이 찬송을 부를 때면 화음을 넣어 같이 부르곤 하던 찬송이었다. 화음을 넣어 주던 오빠는 떠났지만 지금도 나는 이 찬송을 계절에 따라 주 하나님의 섭리가 우주에 찬 것을 노래한다. 언젠가 내 차를 탄 지인이 찬송을 틀지 않았다고 말한다. 나는 차 안에서는 그저 편안한 힐링 음악 듣는 것이 습관이 돼서 찬송가를 듣지 않았다. 아들이 교육 중이라서 만나지 못하고 찬송을 들으며 대관령을 넘어 밤 10시에 집에 도착, 걱정해 준 애들에게 문자를 보내고 주님께 감사 기도드리며 여정을 마쳤다.

07

가슴에 그리는 그림 - 1

결혼한 지 3개월 만에 남편이 강릉으로 전근하게 되어 이곳에서 첫아이를 낳게 되었다. 고등학교 수학여행 때 기차에서 창밖을 보고 친구들과 "야, 바다다!" 하고 외치면서 가슴 설레게 했던 우리를 처음 내려놓았던 경포대는 인천 바다의 상징인 갯벌과 다른 모습이었다. 모래사장, 소나무 숲, 푸른 바다, 수평선 등의 풍경을 보고 나는 나중에 이곳에 와서 살아 봤으면 좋겠다고 생각했던 적이 있었다. 그런데 이렇게 강릉으로 와서 살게 되었다. 아이가 세 살쯤일 때 아장아장 걷는 딸을 데리고 동네를 돌아보게 되었다. 잔디가 있고 미끄럼틀, 모래장 등이 있는 운동장에서 인자해 보이는 오십 중반쯤으로 보이는 유치원 원장님이 아이들과 놀고 있었다. 나는 울타리 밖에서 그 장면을 한참을 쳐다보았다. 어쩌면 저렇게 멋지고 근사한 사람이 있는가? 이다음에 나도 저렇게 멋지게 늙고 인자한 원장이 되었으면 좋겠다고 가능치도 않은 그림을 가슴에 그려 보았다.

일 년이 지나 남편이 청주 지점장으로 발령받아 이사를 하고 가슴에 그린 그림은 지워진 듯 잊어버리고 몇 년이 흘러 셋째 아이가 유치원에 입학할 시기가 되었다. 그때 내가 그렸던 유치원 원장이 수면 위로 떠올랐다. 내가 그려 보았던 유치원 원장이 다음 해에 되어 있었다. 내가 의도적으로 그 방향으로 간 것도 아니지만 나와 함께 계시는 주님께서 내 가슴에 그린 그림을 잊지 않으셨나 보다. 수학여행 왔을 때 강릉에서 살아 보았으면 했던 그림과 유치원 원장이 되었으면 하고 그저 막연하게 그렸던 그림, 그리고 학교에 가고 싶다고 한 것은 절실한 소망이었는데 모두 들어주셨다. 감사의 기도를 드렸다. 그리고 이 가슴 벅찬 상황을 잘 그려 나갈 것을 하나님께 약속드리면서 유치원 이름을 짓는 것부터 시작했다. 어찌 지을까 여러 이름을 떠올려 보다가 아이들이 꽃이고 유치원이 동산이라고 생각하여 '꽃동산유치원'이라는 이름을 지었다. 이 이름은 유아교육을 위해 힘썼던 독일의 프뢰벨이 지은 이름과 같음을 나중에 알게 되었다. 1982년 유치원을 개원하면서 아이들을 위한 '꽃동산'이란 시를 지어 현관에 걸었다. 내가 가슴에 그림을 그린 지 8년이 되는 해이다.

꽃동산

해맑은 웃음을 담뿍 안은 꽃

꿈 먹고 피어라 아름답게

바람에 나부끼는 얇은 꽃잎

이슬 먹고 피어라 튼튼하게

빨강 노랑 파랑 색색인 꽃

태양을 향해 활짝 꽃 피어라

꽃동산에서

08

가슴에 그리는 그림 - 2

상담을 하고 사례를 정리한 것이 많아 이것을 가지고 책을 내고 싶었다. 유명한 출판사에 전화를 걸어 내 생각을 이야기하였다. 출판사 측에서의 대답이 해 줄 수는 있지만 비용으로 일천만 원이 필요하다고 한다. 박사 자격을 취득한 지 몇 달이 지나지 않아 그렇게 큰돈을 들이고 싶지 않았다. 출판사의 이유로는 내가 현재 대학 교수도 아니고 인기 강사도 아니기 때문에 출판이 어렵다고 하였다. 결국 출판된 책을 소비할 수 있는 저명인사가 아니어서 인지도가 낮은 사람의 책은 곤란하단다. 맞는 말이다. 다시 이름이 없는 출판사에 문의하였더니 전과 같은 내용으로 거절당했는데 출판 비용으로 오백만 원을 낸다면 해 줄 수 있다는 답을 받았으나 그 역시 어려운 일이라서 포기하기로 마음먹고 책을 낸다는 생각을 접었다.

생각을 접은 지 열흘도 채 안 된 어느 날 아침에 컴퓨터를 켜서 메일을 열었더니 **'혹시 책을 낼 생각이 있습니까?'**라는 글이 올라와 있었다. 너무 놀라 다시 글을 읽어 보았다. 출판을 해 주겠다는 메시지가 맞았다. 연락처가 있어서 전화를 걸어 보았다. 메일을 보낸 것이 맞고 출판을 해 주겠다고 하였다. 잠시 생각을 하고 만나서 이야기할 수 있는지, 청주로 올 수 있는가 물었더니 출판단지가 파주이기 때문에 중간 지점인 서울에서 만나잔다. 2009년 당시 영동고속터미널 지하에 '맥도날드'가 있었다. 전화 건 다음 날 바로 맥도날드에서 10시에 만나자고 하니 출판사 측에서는 파주에서 서울로 오는 길이 밀려서 30분을 늦추자고 하여 약속을 잡

왔다. 혹시 몰라 큰딸과 같이 약속 장소에 나갔다. 정확한 시간에 마르고 키가 큰 참하게 생긴 아가씨가 들어왔다. 서류 봉투를 들고 들어와 묻지 않아도 알 수 있었다. 서류를 꺼내 놓고 설명한다. 출판할 내용을 언제까지 보내 줄 수 있느냐고 물어와 8월 30일까지 보내겠다고 하였더니 여직원이 깜짝 놀라며 천천히 하셔도 책은 출판하겠으니 너무 서두르지 말라고 한다.

계약서를 작성하고 비용은 없이 증정본을 10부 준다는 내용까지 서류 작성하고 도장을 찍었다. 도장을 2009년 6월 1일 월요일 10시 30분에 만나 11시에 찍었다. 여직원과 헤어지고 나는 흥분을 감추지 못했다. 소중한 계약서를 들고 청주로 왔다. 이 출판사 이름은 '이담북스'라는 덜 알려진 출판사였다. 나에게는 그러한 것은 상관이 없고 오로지 내 책을 출간해 준다는 것에 감사할 뿐이다. 나는 약속한 대로 8월 30일까지 이미 준비된 책의 내용들을 출판사로 보냈다. 한 달가량 지난 후 교정하라고 내게로 내용이 전달되었다. 내가 쓴 내용이라 교정을 할 수 없어 박사과정을 밟고 있는 후배에게 부탁하였다. 이렇게 두 번 더 오가고 나서 표지 작업이 시작되었다. 표지 작업도 세 차례 더 오간 후에 2010년 1월 22일에 드디어 **「모래상자 이야기」**라는 사례집이 출간되어 작가가 되었다. 뒤를 이어 **「미술치료와 교류분석」, 「모래상자와 연금술사」** 등을 더 내어 스스로 작가라고 즐기고 있다.

주님께서는 내가 내 가슴에만 그린 그림을 알고 계신다. 내 가슴에만 그린 그림을 어떻게 알아차리셨는지 신기해하고 '저와 동행하시는 주님. 감사합니다.'라고 감사드린다.

09

가슴에 그리는 그림 - 3

지도교수님이 오랜만에 서울에서 내려오셨다. 박사 논문을 지도받기 위해 대기 상태로 제자들이 교수실 밖에 서 있었다. 동기(큰딸 연배)들은 내가 연장자라고 교수 대면의 기회를 먼저 주었다. 부름을 받고 교수실로 들어갔더니 교수님은 화난 목소리로 통화를 하고 계셨다. 어느 학회지에서 소논문 심사를 독촉하는 내용이었다. 논문 지도를 받고 나오면서 그 장면이 몹시도 부러워 혼잣말로 '나에게 학회지 소논문 심사가 의뢰된다면 영광스러워 바로 심사할 텐데.'라고 중얼거려 보았다. 그러나 그것이 가당키나 한 일인가.

박사학위 취득 후 얼마 지나지 않은 어느 날 메일로 '교수님, 논문 심사 부탁드립니다.'라는 내용과 소논문 한 편이 첨부파일로 들어와 있었다. 깜짝 놀라 반사적으로 첨부파일의 소논문을 삭제해 버렸다. 누구에게도 말하지 않고 완전히 잊어버린 지 한 달 정도 됐을 때, 학회지 편집담당이라는 조교가 "교수님, 논문 심사 기한이 지났는데 아직이시네요."라고 독촉하는 전화를 해 왔다. "그런 논문을 받은 적이 없는데?"라고 거짓 답을 했더니 "읽으신 흔적이 있으신데요. 그러면 다시 보내드리겠습니다. 시간이 촉박하니 빠른 심사 부탁드립니다." 하고는 바로 소논문을 보내왔다.

내 논문도 쩔쩔매고 쓴 지가 얼마 지나지 않았는데, 20페이지 안팎의 소논문이지만 논문을 심사해야 한다고 생각하니 겁이 났다. 소논문을 출력하여 논문 심사를 많이 한 박사 선배를 찾았다. 선배는 의아해하며 "나는 아직 공식적으로 심사를 의뢰받은 적이 없는데 이게 웬일이지?"라며 질투가 섞인 걱정을 해 준다. 그 선배는 지도교수의 제자들의 논문을 읽으면서 잘못된 부분, 문장이 꼬인 부분들을 찾아내는 데는 월등한 실력자였다. 그리고 통계 부분도 해석을 잘하는 선배이기에 통계 부분 해석이 서투른 나는 그 부분을 실수할까 봐 도움도 받고 집중해서 심사를 마쳤다. 선배가 보기에 나에게는 전혀 상상할 수 없는 사건이었다.

하나님께서는 지나가는 생각, 혼잣말까지도 귀 기울이시며 같이 동행해 주신다는 체험을 했던 사례였다. 감사드린다.

10

하나님은 사랑이시다

나는 성경을 읽고 필사하면서도 그 내용을 다 이해하지는 못했지만 성경에서 만나는 하나님은 사랑을 베푸시는 분이시다. 소돔과 고모라 성, 노아의 방주 등 하나님의 규율에서 벗어나거나 방탕하게 되면 징계를 하시기 전 많은 기회를 주어 사랑을 베풀고자 하셨다. 그런데 우리는 지금 하나님 보시기에 잘못을 하고 있나 보다. 그리고 율법에서 벗어난 행동을 하는 것이 징계의 중요한 요인인 것처럼 보인다. 이렇게 하나님의 뜻에서 벗어난 사람이 많아 조금은 조율해야겠다고 생각하시는 것이 아닌가 하고 생각해 본다.

지금 '코로나19'라는 세균으로 전 세계가 고통 속에 있다. 그리하여 인류가 위기를 맞을 것을 염려하시어 사람들이 자기를 돌아보며 하나님의 전지전능을 믿고 회개하며 용서를 구함으로써 이 위기를 넘길 수 있도록 기다리고 계신 것으로 보인다.

지구상의 어느 지역은 종교전쟁으로, 강대국들은 경제적 잇속으로, 또한 힘자랑을 하는 나라들은 정치적으로 땅따먹기로 욕심부리고 있다. 이렇듯 착하고 선한 사람을 배제하고 행하는 상황들을 놓아두기에는 지구가 위험에 처할 것 같아 걱정하고 계시다는 느낌을 받는다. 그 옛날 다윗이나 솔로몬처럼 나라가 위기에 처했을 때 하나님께 엎드려 간절히 기도드려 지혜를 얻어 위기를 극복했던 것처럼 회개하고 구하는 사람이 없다는 것도 문제인 것 같다. 또한 다니엘처럼 헌신적으로 기도하는 사람도 없기에 하나님은 사랑으로 은혜를 베풀고자 하시는 시간이 길어지는 것이 아닌가 한다. 우리 기독교인들이 한목소리로 하나님의 진정한 사랑이 무엇인가 하는 것을 우리에게 보여 주실 수 있도록 간절한 기도를 드려 보면 어떨까 생각해 본다.

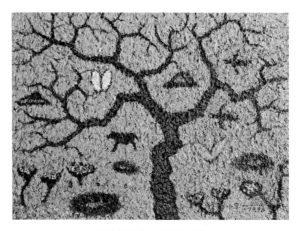

생명나무(제자 김태진 그림)

제5장

트라우마에 갇힌
사람들의 사례

사랑에 빠지다

내담자가 상담실에 들어오는 모습이 너무 세련되고 고상해서 상담자는 숙연해지게 되었다. 내담자는 55세로 현재 대학원 재학 중에 있으며 C시에서 직업군인 아들과 둘이 살고 있다. 남편과 사별한 지는 2년이 조금 지났지만 아직 그 충격에서 헤어나지 못하고 있다고 한다.

착실한 천주교 신자인 내담자는 장애인(맹인) 학교 종일반 교사로 근무하면서 방과 후에는 어린이집 돌보미 교사로 두 가지 일을 하고 있다. 집에 가면 남편의 체취가 아직 남아 있어서 너무 보고 싶고 괴로워서 자신을 혹사시키고 있는 것 같았다. 무엇 때문에 상담실을 찾아왔는지 몹시 궁금하여 내담자에게 무엇을 얘기하고 싶은지 물어보았다.

"어떻게 이곳을 찾았는지요?"라고 물었다.

"너무 우울하여 자꾸만 눈물이 나오고 괴로워서 왔습니다."라고 내담자는 우울한 표정으로 눈에는 눈물이 고여 흐를 것 같았으나 눈을 아래로 내려놓으며 대답한다. 지금도 옆에서 노래 부르고 큰 소리로 웃는 것 같은데 옆을 보면 없다는 것이다. 차에는 남편 얼굴이 있는 사진을 넣어 쿠션을 만들어 옆자리에 놓고 이야기하며 다니고 있다고 한다. 남편의 죽음을 못 받아들이겠다는 것이다. 상담자는 두 사람이 어떻게 만났는지를 물어보았다.

내담자는 유아교육을 전공하고 유치원 교사로 유치원에 근무하고 있었다. 그는 아이들을 태우는 유치원 통학버스를 본인 차를 가지고 기사로 새로 들어왔다.

유치원이 끝나고 퇴근할 때면 같은 방향이라고 태워 주어 같이 이야기하며 집에 데려다주는 것이 매일 생활화가 되었다. 교사와 기사로 특히 기사는 아이가 둘이 나 있는 기사 아저씨로 아주 자연스럽게 이야기할 수 있는 관계였다. 내담자는 당시 26살의 꽃다운 나이에 예쁘고(주위에서 예쁘다고 하였다 함) 직업도 안정적이었다. 유치원 통학버스 기사는 내담자보다 10년 위여서 아무런 감정 없이 6개월 정도 지난 후 기사는 이야기할 것이 있다며 집이 아닌 외곽 커피숍으로 내담자를 데리고 갔다. 기사는 망설임 없이 본인은 이혼한 지 삼 년이 지나 홀로 남매를 키운다고 하며 우리 아이들을 키워 달라고 하였다. 내담자는 그 상황을 감당하기에는 너무 놀라운 사실이고 이 자리를 떠나고 싶은 마음뿐이었다. 기사는 '놀라셨겠지만 대답을 당장 듣자는 것이 아니니 진정하고 생각한 후에 답을 달라.'고 하였다. 그 일이 있은 후 내담자는 유치원 통학버스를 타지 않고 집으로 갔다. 여러 날이 지나 기사는 내담자를 기다려서 차에 타라 하고 걱정하지 말라고 하며 정성을 다하여 본인을 대하여 주었다.

시간이 지남에 따라 연민의 정 같은 무엇이 가슴에서 싹트는 것을 느꼈다. 이것이 '사랑'인가 하고 자신도 놀라게 했다. 기사의 지극정성이 내담자를 사랑에 빠지게 만들어 두 사람은 사랑을 하게 되었다. 결혼을 약속까지 하고 기사의 아이들을 만났더니 두 아이들이 너무 예쁘고 사랑스럽게 느껴져 운명으로 받아들이게 됐다.

부모님께 결혼에 대한 이야기를 꺼내자 한 번도 본인에게 화를 내지 않으셨던 아버지가 소리 지르시며 베개로 마구 때리셨다고 한다. 기사의 그런 상황을 다 알고 부모님의 격한 반대에도 기사를 사랑하는 마음은 더욱 깊어져 **사랑에 빠져 버렸다**. 우여곡절 끝에 결혼하고 두 아이를 기르면서 내담자는 아들을 낳았다. 행복했다. 결혼을 하고 보니 남편은 돈 한 푼 없는 아이들을 가진 홀아비였던 것이다. 그렇지만 그러한 것은 아무 문제가 되지 않았다. 우리 서로 너무 사랑하고 있기 때문이었다.

그랬던 남편이 폐암에 걸려 병원에 입원하게 되었다. 내담자는 죽는다는 것은 남의 이야기로 본인에게는 상상할 수도 없는 일이라고 생각하였다. 병원에서도 내담자만 그 사실을 인정하지 못하고 며칠 있으면 툭툭 털고 나갈 것으로 생각하고 퇴원 준비로 이것저것을 챙기곤 하였다. 내담자의 그러한 행동에 주위 사람들이 안타까워했지만 본인에게는 차마 말을 하지 못했다고 한다. 남편의 다리를 주물러 주면 차가움이 손끝에 닿았으나 퇴원하면 건강을 잘 챙겨야 되겠다는 생각뿐이었다.

의사 선생님이 '돌아가셨습니다.' 했을 때 말도 안 된다고 소리쳤다. 어떻게 사랑하는 나를 두고 갈 수가 있단 말인가? 내담자는 '사랑하는 이의 죽음'이라는 트라우마 속에서 빠져나오지 못하고 있다. 지금도 출근할 때와 퇴근하는 길에 성당 묘지에 있는 남편을 찾아가서 짧은 시간이지만 하루도 거르지 않고 이야기를 한다고 한다. 출근할 때는 '여보, 나 출근해요. 잘하고 올게요.'라고 말하고 퇴근할 때는 '여보, 오늘 재미있는 일이 있었어요.' 등 그날 내담자에게 있었던 일과를 얘기하고 남편의 얼굴이 있는 쿠션을 가슴에 안고 집으로 들어간다고 하며 눈에 눈물이 그렁그렁하였다.

긴 사연을 듣고 상담을 우울한 사람에게는 모래놀이치료가 좋을 것 같다고 하였다. 내담자는 그래서 모래놀이치료를 받을 것을 생각하고 찾아왔다고 준비된 내담자의 자세를 보인다. 사랑하는 사람을 잃은 트라우마에서 헤쳐 나오기 위해서는 내담자의 자세가 필요하지만 좋은 내담자가 되기 위해서는 상담자와의 라포르 형성도 중요하기 때문에 친구처럼 이야기를 들어주는 상담을 진행할 계획이다. 모래놀이실로 들어가서 기본적인 주의 사항을 말하고 모래놀이를 위해 피규어가 진열된 장을 관찰하도록 하였다.

- **일시:** 2019. 5. 25.
- **제목:** 얘야, 이제 그만!
- **처음 놓은 소품:** 흰색 탁자
- **마지막 선택한 소품:** 파라솔

모래놀이 상황

　모래 상자를 잠시 보다가 느낌이 좋다며 두 상자에 있는 모래를 만지다가 조금 더 고운 모래 상자를 선택하였다. 네 손가락을 이용하여 잔잔한 파도를 표현하고 모아진 모래로 우측 하단에 섬을 표현하였음. 흰색 탁자와 의자, 그리고 의자에 남녀를 앉히고 수영하는 사람을 놓았음. 과일 바구니를 놓은 후 좌측 상단에 집

두 채를 놓고, 자동차를 놓았음. 섬에 나무와 큼직한 돌을 놓고 강아지도 놓았으며, 조개껍질과 불가사리를 놓은 후 튜브를 놓고, 우측 상단 코너에 튜브가 있는 작은 배를 놓고, 마지막으로 파라솔 탁자를 놓았다.

내담자 표현 및 치료사 느낌

"남편과 신혼여행을 갔던 속초 바닷가로 아들과 함께 다시 여행을 왔어요. 부부는 맛있는 음식을 먹으며 수영을 하는 아들을 바라보고 있습니다. 아들 걱정에 부부는 안전한 물놀이를 즐기라고 튜브를 건네주지만 아들은 모험을 하겠다며 야자수와 큰 바위가 있는 섬을 향해 계속 수영을 합니다. 반려견도 걱정스러운 맘으로 바라보고 있고요. 부부는 이제 그만 시원한 파라솔 안으로 들어오길 바라지만 아들은 수영을 멈추지 않습니다. '얘야, 이제 그만!' 하고 소리쳐 봅니다."

신혼여행을 갔던, 바다가 보이는 호텔을 놓고 조개껍질 줍는 걸 좋아했던 남편을 생각하며 배치한 조개껍질들. 그리고 SUV 자동차를 좋아했다던 남편을 생각하며 선택한 자동차. 내담자의 마음속엔 늘 남편과의 추억이 자리 잡고 있는 것으로 보였다. 추억 속에서 헤어나지 못함이 걱정도 되지만 우울감에 빠지거나 생활에 지장을 주지 않는 것 같아 일단 그 부분은 지켜보기로 하였다.

물에서 노는 아들의 행동을 적극적으로 말리지 않고 튜브를 건네주고 안전하기만을 바라는 아버지의 마음이 보였다. 섬에 놓인 큰 바위 무게만큼이나 아들이 겪을 시련이 걱정스러운 내담자는 '얘야, 이제 그만!' 하고 외쳤지만, 이제는 아들을 분리시킬 준비를 하고 있는 것으로 보였다. 내담자에게 아들과의 분리는 대단한 용기 같아서 칭찬해 주어도 되겠으나, 아들이 결혼을 계획하고 있어 떠나갈 것에 대한 걱정하는 마음도 전달이 되는 것 같아 보였다.

» 제2회기

- ▸ **일시:** 2019. 6. 8.
- ▸ **제목:** 자연 속에서 즐기자
- ▸ **처음 놓은 소품:** 기타 치는 사람
- ▸ **마지막 선택한 소품:** 피아노

다양한 사람이 진열되어 있는 진열장 앞에서 한참을 서성이더니 기타 치는 사람을 들고 모래 상자로 와서 모래를 정돈함. 점점 커지는 나선형을 그리며 우측 상단에 모래언덕을 만든 후 언덕 제일 높은 곳에 기타 치는 사람을 올려놓음. 일곱 난쟁이와 백설 공주를 놓음. 큰 소나무 두 그루를 놓은 후 작은 나무들을 배치하고 한참을 모래 상자 앞에서 감상하는 듯하더니 피아노를 좌측 하단에 살며시 가져다 놓는다.

내담자 표현 및 치료사 느낌

"인간은 한낱 미물에 불과할 정도로, 어마어마하고 거대한 자연 풍광 아래에서 미친 듯이 기타를 치는 사람과 일곱 난쟁이가 음악을 즐기고 있고, 흥겨운 그들의 모습을 흐뭇하게 바라보는 백설 공주가 있어요. 백설 공주는 피아노를 치며 함께하고 싶지만 실력이 부족하여 내면의 끼를 맘껏 펴지 못하고 부끄러워합니다. 백설 공주와 피아노의 거리가 빨리 가까워졌으면 좋겠어요."라고 내담자는 상자의 그림을 이야기한다.

기타 치는 사람은 아들로 보이고, 백설 공주는 내담자 본인으로 보인다. 모래를 소용돌이치듯 나선형으로 한참을 빙글빙글 돌리는 모습은 본인의 현재 심정을 표현한 듯하다(아들의 장래에 대한 고민인지, 본인의 미래에 대한 고민인지는 아직 알 수 없음).

모래언덕 위에 아들을 놓은 것으로 보아 아직도 내담자는 아들을 마음속에서 의지하고 있으며, 독립된 자아가 셀프(Self)로 가는 과정을 마지막에 조심스럽게 가져다 놓은 피아노가 본인(백설 공주)으로 표현된 것은 자아의 씨앗이 조금씩 싹트고 있는 것으로 설명되었다. 앞으로는 기타 치는 사람 없이도 일곱 난쟁이와 함께 본인의 인생을 즐길 수 있도록 배움의 길로 나아가는 것을 격려하고 자신감과 용기를 북돋우어 주어야 할 것 같다.

- **일시:** 2019. 6. 22.
- **제목:** 이제 괜찮아요, 엄마!
- **처음 놓은 소품:** 아기
- **마지막 선택한 소품:** 성인 남자와 어린이

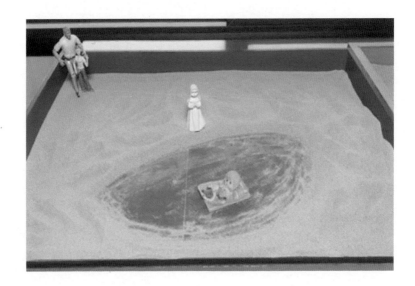

모래놀이 상황

　고운 모래 상자를 선택한 후 모래를 정돈하다가 파란색의 타원형을 만듦. 타원형을 맑은 파랑으로 두지 않고 모래로 살짝 흩뿌려 놓음. '예쁜 아가가 어디 있을까?' 하며 누워 있는 아기 인형을 가져다 놓음. '에휴~.' 한숨을 쉬면서 타원형 주변을 손바닥을 찍어 꽉 채워 둘러싸고 두 손을 합장하여 가운데 모래에 찍은 후 그 위에 기도하는 흰색 수녀님 인형을 놓음. 성인 남자와 어린이 인형을 함께 놓으며 '여자 아기였을 것 같은데 남자 인형이네? 남편은 유머도 있고, 장난기도 많았어요.'라고 말함.

"지금 데리고 있는 29살 아들을 낳기 전에 사실은 배 속에 아기가 또 있었어요. 죽을 만큼 고통스러웠던 입덧과 그 당시 경제적인 어려움으로 아기를 강제로 보내야만 했어요. 아마도 까탈스러운 딸이었을 것 같아요. 여기(파란색 타원형을 가리키며)가 아기집 자궁이에요. 아무것도 모르는 천진난만 그 자체인 너무 예쁜 아기예요. 입덧을 좀 더 참아 볼 걸 하는 생각도 들고 너무 미안해요. 손바닥을 찍어 아기집 주변을 꽉 채워 준 것처럼 지금은 충분히 보호할 수 있을 것 같은데… 늘 미안한 마음으로 기도했는데 아기가 이젠 제게 이렇게 말하네요. '엄마, 나 이제 괜찮아요. 아빠 만나서 행복해. 아빠가 너무 잘 놀아 주고 엄청 사랑해 주세요.' 남편이 너무 고마워요. 지금도 내 편이에요."라고 내담자는 말한다.

늘 밝은 표정 속에 어렴풋이 비치는 우울감의 원인 중 한 가지가 무의식에서 의식으로 표출된 것으로 보인다. 꼭꼭 숨겨 왔던 임신중절수술의 아픈 경험으로 인한 죄책감을 오늘 남편의 도움을 받아 내려놓은 것으로 보이나 타원형의 푸른색이 맑은 파랑이 아니라 모래로 살짝 흩뿌려 놓은 것으로 보아 하느님으로부터는 아직 용서받지는 못하였다고 생각하는 것 같았다. 그렇지만 무의식을 의식으로 표출시켰다는 것만으로도 하나님께서는 용서하셨을 테지만 내담자는 완벽한 용서를 받기 위해 늘 기도하는 모습으로 생활하려는 자세를 보이고 있다. 내담자는 모든 일들을 남편이 옆에서 도와주는 것으로 남편의 죽음을 받아들이지 못하고 있다.

- ▶ **일시:** 2019. 6. 29.
- ▶ **제목:** 비상
- ▶ **처음 놓은 소품:** 학사모를 쓴 사람
- ▶ **마지막 선택한 소품:** 학사모를 쓴 사람

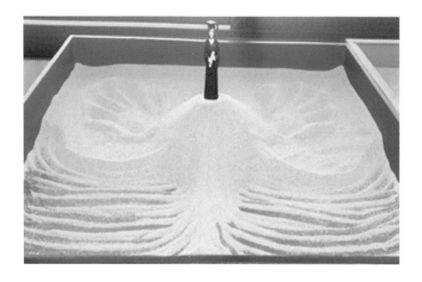

모래놀이 상황

손바닥으로 모래를 정리하며 모래의 느낌을 한참 동안 즐김. 양손으로 각각 상자 하단 좌우 바깥쪽부터 중심을 향하여 손가락을 이용하여 선을 그리듯 몇 차례에 걸쳐 모래를 끌어모아 봉우리를 만듦. 봉우리 상단 좌우로 대칭되게 손바닥을 깊게 눌러 찍음. 사람 종류의 상징물이 전시되어 있는 선반 앞에서 서성이고 망설이다가 사각모를 쓰고 졸업 가운을 입은 여자를 선택하여 봉우리 꼭대기에 우뚝 세웠음.

"앞 시간에 뉴런에 대해 배운 기억에서인지 모래를 만지다 보니 가지 돌기가 연상이 되고, 언덕처럼 쌓아 만든 봉우리는 핵과 세포질이 모여 있는 신경세포체이며 손바닥 모양은 축삭 돌기.(ᄊ) 가지 돌기를 통해 다른 뉴런이나 감각 기관으로부터 오는 자극을 받아들여서 신경세포체, 즉 생명 활동이 일어나며, 축삭 돌기(손바닥)는 가지 돌기에서 받아들인 자극을 다른 뉴런이나 기관으로 전달한다고 배웠어요. 핵의 중심에 서 있는 지적인 여인을 통해 살아 있음을 실감하고, 아직도 꿈을 좇고 있는 저를 닮기도 했어요. 하지만 자신감 없는 저와는 달리 당당하고 완벽해 보이는 저 여인은 제게 모델링이 되어 주는 것 같아요. 상단 좌우에 손바닥을 찍어 날개처럼 표현된 축삭 돌기로 힘껏 날갯짓하며 비상하는 모습이에요. 제 모습이었으면 좋겠어요."라고 모래 상자 그림을 이야기로 전개하였음.

손바닥과 손끝의 감각을 충분히 이용하여 오랜 시간 동안 모래를 만지는 모습에서 무의식의 세계를 충실히 작업한 것으로 보인다. 비상하는 날개라고 표현한 손 모양이 완전히 쫙 벌려진 손이 아니고 자신감 없어 보이듯 살짝 덜 펴진 듯한 느낌이 들었다. 자신감을 심어 주어야겠다. 그나마 모래 봉우리에 사람을 올려놓을 때 힘을 주어 꾹 눌러 세운 것으로 보아 안정감 있게 목표를 이루고 싶다는 의지가 보였다.

　전체적인 구성이 외롭고 쓸쓸하고 슬픈 느낌이 들었으나 내담자가 상담자에게 대학원을 나와서 석사학위를 따겠다는 강한 의지를 보여 주었던 것을 모래 상자에 당당한 모습으로 서 있는 표현을 했다. 남편의 빈자리를 공부로 채우겠다는 표현을 한 것으로 보여 상담자는 기뻤다. 우울한 감정을 해소하기 위해서 주변 사람들과 수다도 떨고 여행도 다니라고 조언해 주려 했지만 그보다 학문에 정진하는 것이 바람직하기 때문에 상자에 우뚝 선 학사모를 쓴 사람을 지지해 주었다.

▸ **일시:** 2019. 7. 13.

▸ **제목:** 만다라 인생

▸ **처음 놓은 소품:** 파라색 보석

▸ **마지막 선택한 소품:** 보라색 보석

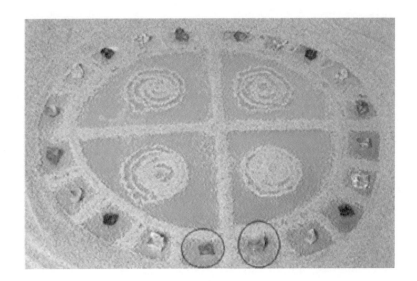

모래놀이 상황

고운 모래와 굵은 모래 상자 앞에서 망설이더니 '오늘은 힘이 있는 굵은 모래를 가지고 놀고 싶어요.'라며 10분여 동안 모래만 만짐. 가운데에서 시작하여 원을 그리면서 모래를 쓸어 내어 커다랗게 파란색 원을 만듦. 오른손으로 모래를 움

켜쥐고 조금씩 뿌리면서 모양을 만듦. 만든 순서는 십자 모양 – 큰 원 – 나선 모양의 작은 원 4개 – 원호 부분의 짧은 선 16개임. 화려하게 장식하고 싶다면서 보석을 놓음. 하단 중앙에 파란색 보석을 먼저 놓고 시계 방향으로 노랑, 빨강, 연두, 보라 순서로 규칙성 있게 한 바퀴 돌려서 놓음.

내담자 표현 및 치료사 느낌

"늘 불안하기만 한 나의 미래. 그런데 오늘은 상담사님 조언 덕분에 힘이 생깁니다. 그래서 모래 상자도 힘 있는 굵은 모래를 선택했습니다. 모래 속 깊이 밑바닥을 보고 싶어서 모래를 쓸어 내다 보니 큰 원이 생겼네요. 나도 모르게 십자 모양을 만들어 원을 4등분 하였고, 큰 원보다 조금 작은 원을 또 그렸으며, 네 개의 부채꼴 안쪽에 각각 나선형을 하나씩 그렸습니다. 보석 놓을 자리를 마련하기 위해 원호 부분에 부채꼴 모양마다 다섯 칸씩 나눈 후 보석을 놓았습니다. 예쁘네요. 마치 제 인생 같아요. 좌측 하단은 결혼 전 25세까지, 좌측 상단은 결혼 후 50세까지, 우측 상단은 65세까지 제2의 인생 준비 기간, 우측 하단은 80세까지 제2의 인생. 반짝이는 저 보석들처럼 어느 시기 하나 중요하지 않은 시기가 없었으며, 늘 최선의 선택이었고, 최선을 다해서 살았다고 자부합니다. 그러고 보니 입버릇처럼 '나이가 많아서… 이 나이에…'라며 늦었다는 생각에 자신 없어 했는데, 지금 저의 도전이 절대 늦은 게 아니네요. 이 그림에서 보듯이 앞으로도 반원을 더 그려 가야 하는 나의 만다라 인생. 원의 처음 시작에 다시 도달할 때까지 다시 파이팅 할래요.(^^)"

지나치게 화려하지는 않지만, 절제되고 차분하게 모래 상자에 꾸며진 아름다운 만다라가 내담자의 인생을 그대로 말해 주는 것처럼 보였다. 모래 상자를 꾸미고 내면의 어려웠던 이야기를 밖으로 표출함으로써 내담자 스스로가 치료의 경지까지 도달하려고 노력하는 모습이 보였다. 어느 순간에도 용기 잃지 않도록 지켜 주어야겠다는 생각을 하게 된다.

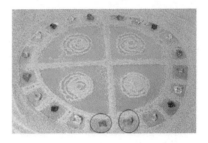

▸ **일시:** 2019. 7. 22.
▸ **제목:** 사랑의 만다라

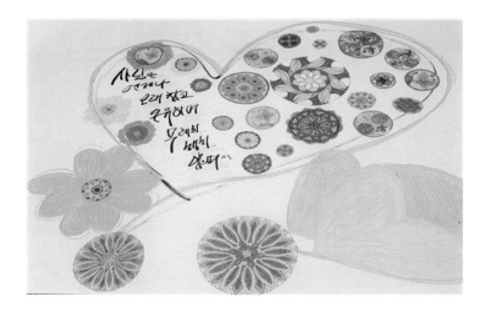

　내담자가 오늘은 모래놀이를 하고 싶지 않다고 한다. 얼마든지 그럴 수 있는 일이다. 무엇을 하였으면 좋겠는가를 물어보았다. 미술 작업을 해 보겠다고 한다. 지난 시간에 모래 상자에 만다라를 만들었는데 오늘 만다라 문양을 색칠해서 작업을 해서 구성해 보기로 하였다. 다양한 만다라 문양을 색칠하여 4절지에 문양을 구성할 밑그림을 먼저 그리고 그림에 맞춰 붙이고 마무리를 하도록 설명하여 주었다.

남편이 하늘에서 본인과 두 아들, 딸을 사랑하고 있다고 그림 설명을 한다. 좌측 위에 있는 나비 모양의 만다라가 하늘에서 자기들을 지키기 위해 빛을 내고 있다고 하면서 눈가가 촉촉이 젖는다.

내담자는 지난 모래 상자에 놓은 '만다라 원에서 처음 시작해서 다시 도달할 때까지 파이팅'이라고 하여 스스로 치유에 어느 정도 다가가는 것처럼 보였으나 그림 만다라에서는 남편의 사랑과 가족을 지켜 줄 것을 소망하는 부분에서 아직은 남편의 사랑의 틀에 갇혀 있음을 보여 주고 있다.

» 제7회기

- ▶ **일시:** 2019. 7. 29.
- ▶ **제목:** 님아! 이 강을 건너가 보자
- ▶ **처음 놓은 소품:** 초가집
- ▶ **마지막 선택한 소품:** 물동이를 인 여인

모래놀이 상황

　모래 상자 중앙에 좌에서 우로 강을 만들고 좌측 상단 코너에 초가집을 놓음. 다리를 강 중앙에 세로로 놓고, 예쁜 자갈돌을 강바닥에 놓았음. 도자기 빚는 사람을 상단 중앙에 놓고, 가마를 찾다가 장작 때는 가마솥을 놓았음. 집 뒤편에 장독대를 놓고, 파란 버스를 강 건너편에, 초록색 소형 자동차를 도자기 빚는 사람 우편에 놓고 우측 상단에 숲을 꾸밈. 빨간색 SUV 차를 우측 하단에 놓음. 머리에 항아리를 이고 있는 여인 놓기.

내담자 표현 및 치료사 느낌

"남편이 산속 전원주택 생활을 엄청 소원했었어요. 전 무서워서 싫다고 하고, 남편은 든든한 자기가 있는데 무슨 걱정이냐고 하며 같이 들어가면 제가 하고 싶은 거 다 하게 해 준다는 꼬임(?^^)에 넘어가 퇴직하면 전원생활을 하자고 합의를 보았어요. 저는 '도자기 체험 학습장'을 운영하고 싶다고 제안을 했고, 남편도 가마 때는 일을 도와주기로 했어요. 남편은 모험심이 강해 사륜구동 지프차로 산길 운전하는 것을 좋아했고, 저에게는 항상 자그맣고 예쁜 자동차를 사 주고 싶다고 했어요. 아들은 부모의 제안을 거절하지 못하고 함께 들어오긴 했지만 이런 생활이 무료하기만 했어요. 다행히 많은 관광객이 찾아 주었고, 흐르는 물과 함께 하류 쪽으로 점점 쌓여 가는 돌들처럼 삶의 의미도 점차 풍요로워졌어요. 무섭고 두렵기만 했던 강 건너 전원생활에 또 다른 행복이 기다리고 있었다는 걸 진즉에 알았었더라면…. '여보야! 이제 준비되었으니까 이 강을 건너가 보자!'"

아들이 또다시 모래 상자에 등장한 것으로 보아 아직 아들을 완전히 분리시키지 못한 것으로 보인다. 본인은 물살에 쓸리는 돌들을 삶의 의미라고 말하지만 해결하지 못한 과제들이라고 조심스럽게 해석함으로써 마음 깊은 곳에 쌓이고 있는 스트레스가 많은 것으로 보인다. 다만 물이 고여 있지 않고 계속 흐르는 강물의 형상으로 보아 과제 하나하나를 잘 해결해 나가고 있음으로 보여 주고 있다.

남편이 원하던 시골생활을 모래 상자에서라도 표현하여 싶었던 모양이다. 남편을 실제 누리지 못하고 떠나보낸 것에 대한 아쉬움을 스스로 위안하고 있는 것으로 보인다. 이분화된 구도와 애절한 사연이 자칫 내담자의 정신건강까지 해칠 우려가 있다는 판단으로 주위의 많은 관심이 필요하다는 생각이 들었다.

● 슈퍼바이저 의견

여기서 말하는 강을 내담자 내면의 강으로 남편이 건너가야 할 강으로도 볼 수 있다.

▸ **일시:** 2019. 8. 10.
▸ **제목:** 한마음
▸ **처음 놓은 소품:** 탁자
▸ **마지막 선택한 소품:** 과일

모래놀이 상황

중앙에 탁자를 놓고 의자 5개와 가구들(6개)을 상단에 좌에서 우측으로 놓음. 가구들 사이에 소나무 분재 화분을 놓고, 사람(빨간 상의의 성인 여자, 미카엘 천사, 모자 쓴 남자, 노란 머리 여자) 순으로 놓음. 피아노를 좌측 하단에 놓고, 과일을 흰 그릇에 색깔별로 담아 탁자 위에 놓았음.

내담자 표현 및 치료사 느낌

"아들이 내일 여자 친구를 데리고 와서 소개시켜 준다고 했어요. 9년 전 대학 동기로서 그동안은 가끔 모임 때 만나는 친구 사이였는데 5개월 전쯤부터 서로 남녀 관계로 알아 가는 사이가 되었다고 하네요. 예쁘고 밝은데 한 가지 가르쳐야 할 부분이 있대요. 아빠가 늘 강조하시던 어른에 대한 예의가 부족해 보인대요. 외동딸로 자라다 보니까 엄마 아빠를 친구처럼 대하는 편이래요. 그런데 자기를 잘 따라 주니까 아마도 웃어른 공경에 대한 것도 자기가 가르치면 달라질 것 같은데 엄마가 보고 판단해 달래요.

그래서 집으로 초대했는데 남편은 미카엘 천사처럼 나쁜 것들을 다 물리쳐 주고, 활동적인 모습을 한 제가 앉아 있고 아들은 아빠 쪽으로 여자 손님은 제 옆에 앉혔어요. 정말 여자 친구가 상큼발랄하고 예쁘네요. 둘 다 뮤지컬 연기과를 전공했기에 피아노도 준비했어요. 뒤쪽 중앙에 놓인 멋진 소나무 분재는 남편 작품이에요. 남편이 분재를 엄청 좋아했어요. 모두 한자리에 앉아 이야기를 나누어 보니 마음이 통하네요. 다양한 종류의 과일들이 담겨 있지만 색의 조화가 잘 이루어진 과일 그릇이 결말이에요. 즉, 우리는 한마음이에요.(ᄊ)"

정중앙에 둥근 탁자를 제일 먼저 놓음으로써 '한마음'이라는 제목의 중요성을 강조하는 듯 보임. 의자를 놓은 것도 반원 모양이고, 가구를 큰 원 모양으로 탁자를 둘러싸고 있는 것으로 보아 가족이 '남편을 사랑하는 한마음'이 흩어지지 않게 보호하고 있는 듯 보인다.

시공을 초월하면서까지 남편을 미카엘 천사로 등장시킨 것과 남편의 손길이 남아 있는 소나무 분재를 가구 중앙에 놓은 것은 아직도 내담자가 현실을 직시하지 못하고, 용기를 내지 못하는 부분이 있는 것으로 보였다. 다행히 내담자 본인을 다른 사람에 비해 크고, 힘이 있어 보이는 사람으로 선택하여 놓은 것은 본인 내면에서 강해져야겠다는 의지가 있는 것으로 보였다.

내담자가 조금은 밝은 얼굴로 상담실을 찾았다.

"좋은 일이 있었나 봐요?"라고 반기면서 대화를 시작하였다. 내담자는 미소를 지으면서 "네, 금요일이 내 생일이었어요. 아들이 이벤트로 나를 놀라게 해 주었고 다른 지역에 사는 딸과 서울에 사는 며느리가 맛있는 음식을 준비해 주었어요." 상담자가 "이벤트를 어떻게 해 주었는데요?"라고 물었다. 내담자는 아들이 퇴근해서 집에 들어가는데 현관부터 거실까지 촛불로 길을 만들고 거실에 풍선으로 하트 모양을 만들어 놓아서 깜짝 놀라서 즐거운 비명을 질렀다고 하였다. 내 한쪽 손에는 가방, 또 한쪽 손에는 남편의 얼굴 그림이 있는 쿠션이 들려 있었다. 아들이 "엄마, 이제는 아버지를 보내드리면 안 돼?"라며 쿠션을 받아 소파에 놓았다고 하였다. 내담자는 아들 이벤트에 감동하고 아들이 아버지를 보내드리라는 말에 눈물이 나서 소리 없이 울었다고 하였다. 그러면서 집에서 써 가지고 온 것이라며 천 위에다 **'행복'**이라는 글을 하트 모양으로 쓴 것을 내보였다. 가족들이 자기를 위해 여러 가지 이벤트를 벌여 생일을 축하해 준 것이 마음에 행복으로 가득 찬 것을 이렇게 표현해 보았다고 한다. 상담자 역시 이 글을 보면서 같이 행복감을 느꼈고 둘이서 즐거운 시간을 보냈다.

내담자는 약간의 활기가 있어 보인다. 지난 회기에 가족들의 정성 어린 생일 축하를 받아 **'행복'**이라는 글을 써서 상담자와 그러한 주제로 이야기 나눈 것이 영향을 미친 것 같았다.

가족들에게서 받은 행복감을 더 간직하고 싶어 하는 것 같아 모래놀이보다는 감정을 살릴 수 있는 작업을 하기로 하였다.

연구실에 준비되어 있는 스칸디아모스(천연 이끼)와 액자를 내어 주고 작업할 의사를 물었다. 내담자는 처음 대하는 재료라 흥미를 보이며 바로 시작한다. 천연 무늬목 합판에 스칸디아모스와 다양한 장식물로 액자를 꾸미는 활동에 몰두하며 즐거워하는 모습에서 상담자는 프로그램을 잘 선택하였구나 생각하며 내담자와 같이 즐겁게 작업을 하였다. 내담자는 스칸디아모스는 공기 정화 기능과 가습, 제습, 탈취 효과가 있다고 들었다며 천연 재료를 사용함으로써 정서적으로 안정감도 느끼고, 친환경 생활에 관심이 생긴다고 한다. 또한 본인도 누군가에게 '마음 정화 기능자'가 되고 싶다고 하여 충분히 그렇게 할 수 있을 것이라고 지지해 주었다.

≫ 제11회기

- ▸ **일시:** 2019. 8. 17.
- ▸ **제목:** 왁자지껄
- ▸ **처음 놓은 소품:** 건물
- ▸ **마지막 선택한 소품:** 우체통

모래놀이 상황

　예쁜 카페 건물을 좌측 상단에 비스듬하게 놓았음. 가로등을 좌측 하단 구석에 세움. 사람(성인 여자 네 명을 놓은 후 예쁜 여아 두 명을 놓은 후 장난꾸러기 작은 아이 세 명 순으로)을 놓았음. 강아지(아이들과 놀아 줄 수 있는 순한 강아지) 두 마리는 좌측에, 우측 상단에는 큰 과일나무, 왼쪽 옆에 작은 과일 나무, 그 옆에 꽃나무, 우측 하단에 꽃바구니 4개, 그네를 좌측 하단에 놓고 우체통을 좌측 하단 코너에 가로등 옆에 놓았음.

내담자 표현 및 치료사 느낌

"날이 너무 더워요. 입추가 지났는데도 더위가 꺾일 줄을 몰라요. 여행하기 좋은 계절이 빨리 왔으면 좋겠어요. 특히 이번 나들이는 온 가족이 모두 함께하는 왁자지껄한 여행이었으면 해요. 예쁜 카페를 통째로 빌리고 먹거리는 남자들이 책임져 주고 우리 여자들은 아이들 노는 모습을 바라보며 우아하게 자연을 즐기는 여행. 생각만 해도 입가에 미소가 지어져요. 남자들이 아무도 안 보여요. 두 파트로 나뉘었네요. 등산을 좋아하는 남편을 따라 산에 오른 팀 하나, 그리고 지금 건물 안에서 먹거리를 준비하는 팀 하나. 아이들 역시 강아지와 함께 짓궂게 놀고 있는 아이들과 뽐뽐 예쁨을 과시하는 여식들로 나뉘었네요? 풍성한 과일나무들과 예쁜 꽃들도 행복한 여행에 한몫을 해 주고 있어요. 생각해 보니 남편이 그리던 모든 자손들과의 왁자지껄한 여행에 대한 미련인 것 같네요.(ㅜㅜㅜ)"

모래 상자의 네 모서리를 비워 두지 않고 꽉 찬 형태로 배치함으로써 안전하게 보호되어 있는 느낌도 있고, 여자들로만 상자를 채웠다. 남자들이 보이지 않는 것은 요즈음 세태가 여자들이 몰려다니며 예쁜 카페를 찾아다니는 풍경을 무의식 중에 놓은 것이 아닌가 하는 생각을 해 보기도 하고 반면에 외부 침입을 두려워

하며 적절한 대응을 할 수 없다는 불안감을 함께 내포하고 있는 것으로 볼 수도 있다.

모처럼 많은 인물이 모래 상자에 등장한 것은 내담자의 실제 생활에도 활력이 느껴져 긍정적으로 보인다. 커다란 과일나무는 갈증과 굶주림을 치유시켜 주는 의미를 갖고 있는데, 내담자 본인에게 이런 의미가 크게 작용하여 치유의 역할이 발휘되어 '남편의 죽음'이라는 트라우마에서 벗어나기를 바랄 뿐이다. 마지막에 놓은 우체통은 늘 남편에 대한 소식을 마음속 한편에서 기다리고 있는 것으로 보였다. 내담자가 여기서 자유로워지기를 기원한다.

● 슈퍼바이저 의견

이번 회기도 많은 여자들 속에 어울려 이야기하며 떠들지 못하고 죽은 남편을 기다리는 애절함을 우체통으로 상징화하고 있다.

▸ **일시:** 2019. 8. 24.

▸ **제목:** 피에로처럼 웃지요

▸ **처음 놓은 소품:** 피에로

▸ **마지막 선택한 소품:** 흑인 아이

모래놀이 상황

　모래를 모아 둔덕을 만들고 상단에 피에로 둘을 거리를 두고 놓은 후 다양한 표정의 피에로를 모래 가장자리에 둘러서 놓음. 상단 위쪽 피에로 뒤편으로 천사와 등불을 든 산타를 놓았음. 키를 쓰고 울고 있는 오줌싸개를 모래언덕 중간에 놓고, 휠체어에 앉은 장애인을 천사 앞에, 배가 아파 누워 있는 아이와 노인을 중앙에 놓고, 검은 피부의 아이는 배가 아파 누워 있는 아이를 보고 앉아 있음.

내담자 표현 및 치료사 느낌

"피에로가 웃어요. 웃고 싶지 않아도 웃어요. 맨얼굴로는 웃을 수가 없어서 잔뜩 우스꽝스러운 분장을 하고 웃어요. 악기도 연주하고, 공 위에서 묘기도 부리며 웃어요. 오줌을 싸고 소금을 얻으러 나온 울고 있는 아이에게 괜찮다고 웃으라고 하네요. 몸이 불편한 장애인에게 용기를 가지라고 쾌활한 웃음을 선사해요. 배가 아파서 '엄마는 약손이다.' 하며 엄마의 약손 치료를 받고 있는 아이에게 빨리 나아져서 나처럼 웃어 보라고 해요. 할머니가 많이 외롭고 인생의 고단함을 말씀하시지만 그 모든 것들이 다 이 사회의 보물단지라고 고생하셨다고 웃음을 선물하고 있어요. 다문화가정에서 자라는 피부색이 다른 아이가 친구들로부터 따돌림을 받아 슬프다고 하니 피에로가 친구가 되어 주겠다고 하며 나처럼 웃다 보면 행복해지니까 우리 함께 웃어 보자고 해요. 모두들 피에로처럼 웃지요. 뒤쪽에선 산타와 천사가 묵묵히 이 광경을 지켜보며 모두의 바람이 이루어지기를 기원하고 있어요."

상담사를 준비하고 있는 내담자 자신을 천사로 표현하였고, 등불을 든 산타는 늘 내담자의 정신적 지주인 종교적 도움으로 보이며 반원으로 만들어진 모래는 지구를, 푸른 바다는 슬퍼하고 있는 사람들의 아픔 및 스트레스를 표현한 것으로 보인다. 피에로들이 반원의 호 부분에 위치하여 그들이 바다의 스트레스에 빠지지 않도록 보호를 하며 웃어 주고 있고, 모든 사람들이 피에로처럼 양가적 감정을 가지고 있는데, 웃고 있는 피에로처럼 사람들도 내면의 그림자를 밝은 곳으로 꺼내어 밝고 유쾌하게 웃으며 살 수 있도록 상담사의 역할에 최선을 다하는 미래 자신의 모습을 희망하고 있는 것으로 보인다.

● 슈퍼바이저 의견

판타스틱 한 장면을 연출하였다. 내담자는 현재 하고 있는 일들을 미래 상담자로서 해야 할 직업으로 승화시키고 있다. 나아갈 길을 정리하면서 밝은 미래를 눈으로 확인하고자 하는 장면으로 보인다.

- ▶ **일시:** 2019. 9. 21.
- ▶ **제목:** 함께 들어가자
- ▶ **처음 놓은 소품:** 성당 건물
- ▶ **마지막 선택한 소품:** 돌

모래놀이 상황

　건물(성당)을 우측 상단에 놓고 학사모 쓴 사람을 좌측 중앙 아래쪽에 놓았음.
여의사를 중앙 아래에 놓고, 아기 업고 있는 인형을 중앙 위쪽에, 의자에 앉은 할머니는 좌측 중앙에 놓고, 아기를 업고 있는 사람은 여의사 위쪽에 놓음. 성당 건물 양옆에는 두 천사가 있고, 예수님을 교회 뒤쪽에 두었으며 다양한 색깔의 돌들을 피규어 사이에 비스듬하게 깔아 놓았음.

내담자 표현 및 치료사 느낌

"오늘은 굵은 모래의 느낌이 유난히 힘 있게 느껴지고 기분도 좋게 느껴지네요. 한참 동안 모래를 만지면서 가슴이 뭉클함을 느꼈어요. 이 넓은 모래밭에서 이제 제가 뜻을 펴 나갈 수 있다니…. 제가 드디어 목표한 걸 이루고 졸업 가운을 입었어요. 저는 이제 갖추어진 사람이에요. 후훗! 앞으로 저는 마음이 아픈 사람들을 도와줄 거예요. 학술적 이론을 바탕으로, 너그럽고 포근한 할머니의 마음으로, 동생을 업고 있는 우애 깊은 언니의 마음으로, 무조건적인 사랑과 엄마의 마음으로, 그리고 수호천사처럼 늘 기도하며 상처받은 사람들을 지지해 줄 거예요. 그리고 절대 강요하지 않는 선에서 가능하다면 저 성당 안으로 함께 들어가자고 할 거예요. 함께 예수님을 만나자고 할 거예요. 함께 이웃 사랑에 동참하자고 할 거예요. 마음이 아픈 저 사람들(돌)이 모두 저로 인해서 행복해질 수 있도록 앞으로도 계속 노력할 거예요."

모래 상자에 첫 번째 소품을 놓기 전에 한참 동안 모래를 평평하게 고르고 다지는 모습을 보였다. 이는 감정을 조절하고 통제하려는 소망을 의미하는 행동으로 보인다. 전체적인 구도가 왼쪽 아래에서 오른쪽 위로 향하는 형태로 놓아졌는데 이는 본능, 무의식, 내면세계를 내담자 본인의 역할로 인하여 더욱 의식적이고 외부 세계, 활동적 진보적인 방향으로 이동 변화되는 형상이다. 또한 상담사를 목표로 하고 있는 내담자가 다양한 기법으로 적절히 상담에 임할 것으로 보인다. 그러나 종교적인 목표를 염두에 두는 것은 불합리할 것이나 상담사가 되기 위해서는 많은 수련을 거쳐야 한다는 중요성을 알려 주고 다소 지나치게 고취된 의욕은 완급조절을 할 수 있도록 자기 성찰을 할 수 있도록 도울 것이다.

● 슈퍼바이저 의견

모래놀이 그림에서 돌을 많이 놓아 힘든 여정을 잘 참고 걸어와서 예수님을 만난 것으로 표현했다. 모든 상담은 회기를 진행하면서 감정이 좋아졌는가 하면 다운되기도 하고 마치 포물선을 그은 것 같은 현상이 여러 차례 반복되면서 내담자가 자기(self)를 찾아가는 과정을 겪는다. 그러나 내담자는 무엇인가 본인의 내면에 있는 우울과 남편 죽음에 대한 트라우마에서 아직은 완전하지 못한 것으로 보이는 회기로 마무리하고자 하고 있다.

나를 표현하기

내담자가 밝은 얼굴로 상담실로 들어오면서 인사를 한다.

상담자: 오늘 좋은 일이 있나 보네요?
내담자: 네, 교육대학원에 합격했어요.
상담자: 축하합니다. 잘되었습니다. 전공은?

말을 다 하기도 전에 대답한다. 청소년심리상담학과에 합격한 것이라고 한다. 특별히 그 과정을 선택한 이유를 물어보았다. 제가 상담을 받다 보니까 '상담 선생님이 멋있어 보였어요.'라고 하여 상담자가 웃었다. 이 직업은 멋있는 것이 아니라 같이 고민하고 사연을 들어주고 인내가 필요한 직업이라고 얘기해 주었다. 내담자에게 그렇게 할 자질과 능력이 있어 보여서 학과를 잘 선택한 것 같다고 얘기하고 즐거운 마음을 표현해 보겠느냐고 물었다. 그렇게 하겠다고 하여 작업에 필요한 재료를 주었다.

내담자의 표현

하얀 천사 점토에 분홍 사인펜으로 물을 들이며 만지는 느낌이 참 부드러웠다.

마치 나의 부드러운 미소와 닮은 듯.(ㅎㅎ) 항상 웃는 얼굴로 자연적으로 생긴 눈가의 주름. 눈이 예쁘다는 소리를 듣고 자랐는데, 나이가 들어서는 눈가의 주름이 일품이라고 한다. 닮고 싶다고….

언제 들어도 참 기분 좋아지게 하는 말이다. 그게 나다.(ᴧᴧ)

내담자와 약속한 15회기 마지막 날이다. 내담자는 마치 준비된 사람처럼 글과 그림을 가지고 왔다.

내담자는 초의 불꽃 그림을 상담자에게 자세하게 꽃의 모양을 설명하며 기적을 보았다고 한다. 이것은 남편이 연옥에서 천국으로 들어간 것이라며 그래도 남편을 위한 기도는 계속하겠다고 한다.

이 사례에서 상담자가 처음에 테마로 설정한 '죽음의 트라우마'라고 한 것이 잘못된 것임을 상담을 마치며 알게 되었다. 그것은 천주교에 대한 종교적 신앙의 차이에서 온 것이었다.

개신교와 천주교는 '연옥'이라는 다른 차원의 체계가 있었던 것이다. 개신교에서는 지옥과 천국으로 양분되어 있지만 천주교에서는 연옥에서 머물다 지상에 남아 있는 가족들이 간절하게 망자의 잘못에 대한 기도를 올리면 지상에서 지은 죄가 멸하게 되어 천국으로 승화한다는 신앙의 차이를 간파하지 못하고 남편 죽음의 트라우마에서 벗어날 것을 상담의 목표로 삼는 우매한 상담을 한 것이었다. 상담자는 중·고등학생 시절 '단테의 신곡'에서 사랑하는 가족이 망자를 위한 기도로 연옥에 있는 영혼들이 정화되어 인간의 순수함이 회복되어 하나님 앞으로 나아가는데 가족의 간절한 기도가 구원에 이르게 한다는 내용을 읽고 신기하게 생각했었다. 그리고 '연옥'이라는 단어는 내 머릿속에서 완전하게 잊어버렸던 것이었다. 내담자는 상담자와 종교의 차이에서 오는 혼란을 잘 참고 남편을 연옥에서 천국으로 발걸음을 가볍게 옮길 수 있도록 매일 아침 출근길, 퇴근길에 남편

무덤을 찾아 기도한 것이었다. 그 어려운 천국의 문을 두드리고 들어갈 수 있도록 남편을 깊이 사랑하는 마음을 촛불로, 불꽃으로 승화시켰다.

7회기에서 '님아, 이 강을 건너자!' 하였던 내담자 마음속의 그 강을 남편이 건너갔다는 확신을 촛불의 불꽃으로 확인하며 상담자에게 설명하여 주었다.

나의 기도

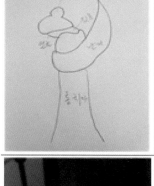

남편을 떠나보내고, 내가 살아 낼 수 있었던 힘은 어디에서 나왔을까?
'신앙', '가족', '일.'
시간이 모자랄 정도로 정신없이 수행해 내야만 했던 투 잡!
딴 생각을 할 틈을 주지 않았던 자녀들의 방문과 수신 전화!
남편의 영원한 안식을 위해 하느님께 매달린 나의 신앙.
하루도 빠짐없이 남편을 찾아가 기도하며 이야기도 하고, 틈만 나면 촛불 켜놓고 기도하며 생활하던 중. 727일째! 기도 초에 꽃이 피었다.
그리고
나와 함께 고개 숙여 기도해 주시는 날개 달린 성모님의 모습도 발현하였다.
기도 초의 기적을 통해 나는 믿는다.
분명 남편은 연옥에서의 잔 벌을 모두 면하고 천국으로 올랐다는 것을. 나는 멈추지 않는다.
1136일째인 오늘도 계속 기도를 하고 있다.
남편을 위하여!

02

부부 이야기

» 제1회기

부부상담

부부상담을 남편이라고 말하면서 전화로 접수했다. 아내와 소통이 안 된다는 간단한 내용이었다. 남편의 간단한 내용 뒤에 있는 소통의 원인이 되는 많은 이야기를 생각하면서 내담자들을 맞이할 준비를 하고 있었다.

부부가 딸아이를 데리고 상담실을 찾았다. 남자는 40 전후반으로 보이며 직장인이고, 여자는 전업주부이다. 여자는 피부가 희고 매력적으로 보였으나 남자는 여자에 비해 인물이 별로로 보였다. 4살 아이는 핸드폰으로 아가들의 TV 프로그램을 보도록 하여 떼쓰는 것을 잠재워 상담이 진행되었다.

상담자: 반갑습니다. 어서 오세요. 어제 전화로 예약하신 분들이시죠?
내담자(남편): 예, 제가 전화 예약을 했습니다.

두 사람은 아이를 사이에 두고 거리를 두었다. 상담자가 물어보았다. 어떻게 상담실에 오기로 했는지 이야기해 주겠냐는 요청에 상담실을 방문하게 된 동기를 남편이 이야기하였다.

부부는 지인의 소개로 만나 반년 정도 연애를 하였다. 두 사람은 양가 부모님에게 인사를 드리고 부모님들이 아내가 임신 4주가 지난 상태이기 때문에 결혼을 서둘러서 하게 되었다. 부부는 결혼 4년 차로 남편의 말에 의하면 아내는 냉장고 음식물이 곰팡이가 피고, 집은 전혀 치우지를 않고 직장에서 돌아온 자기에게 치우라고 하며 말을 듣지 않는다고 한다. 아내는 자신이 하는 말을 이해하지 못하며 4살 딸의 양육 및 두 사람의 의사소통에 큰 문제가 있어 해결하는 방법은 이혼하는 것뿐이라고 하였다.

남편이 이야기하는 동안 4살 딸아기가 지루해서인지 소리 지르며 몸을 가만히 두지 않고 발버둥을 친다. 엄마는 소리 지르며 아기의 행동을 제재하려 했지만 전혀 통하지 않았다. 남편은 손으로 자신의 이마를 짚으며 이러한 상태가 항상 일어나며 아이를 다루는 양육방법도 모르고 배우려고도 하지 않아 퇴근 후 집에 가면 스트레스를 너무 받는다고 한다. 아기 엄마가 핸드폰의 아기들이 보는 프로그램을 틀어 주어 겨우 안정을 시켰다. 아내는 거의 말이 없고 남편이 상담자에게 하는 말을 듣고 있어서 상담자가 아내에게 질문을 하였다.

상담자: 지금 남편이 상담자에게 이야기하는 내용을 듣고 있었는데 거기에 대해서 하고 싶은 말이 있습니까?

아내: 네, 잘 들었어요. 그 말이 다 사실이에요. 뭐가 잘못된 것이 있나요?

상담자: 남편이 하는 말에 화가 나거나 틀렸다는 반박을 하지 않으시겠어요?

아내: 집에서 항상 제게 하는 말들이에요. 남편은 이해할 줄 모르는 남자이고

요. 자신의 행동은 생각하지 못하고 제 탓만 해요.

남편이 지금처럼 이런 생활이 계속된다면 이혼하겠다고 했지만 아내는 아무렇지도 않다는 표정으로 담담하게 "저는 이혼은 절대 하지 않을 거예요."라고 한다.

초기상담에서 기본적인 부부의 신상 및 기타 사항들을 기록하는 과정에서 아기가 지루함을 다시 보이면서 아기의 무분별한 떼쓰기 때문에 상담을 마치기로 하고 다음 시간에는 아내만을 오도록 하였다. 아기는 어린이집에 맡기고 오겠다고 다음 회기를 약속하고 부부는 상담실을 나갔다.

내담자의 주 호소 문제는 '처의 아이 훈육방법, 이혼상담'이었다. 이것은 남편의 일방적인 문제이므로 다음 주에 아내와의 대화를 통해 부부 문제를 파악하여야 하겠지만, 남편이 말한 것을 중심으로 상담 목표를 잡는다면 배우자(아내)의 자녀 양육방법을 듣고 그에 대한 지도 및 조언을 생각하기로 하였다. 남편이 이혼 생각을 하고 있는 부부의 문제점을 알아보아야 할 것 같다. 이혼에 대해서는 숙고의 시간을 갖도록 조율해야 할 것 같았다. 부부에게 문장완성검사지를 주고 다음 주에 써 오는데 서로의 문장 내용을 보지 않아야 함을 당부하였다. 남편은 아내 편에 보내 줄 것을 부탁하고 대답을 들었다.

아내상담

아내는 약속된 날 딸을 어린이집에 보내고 혼자 왔다. 문장완성검사지를 먼저
주고 의자에 앉는다. 남편은 본인이 오는 날 작성해서 가지고 온다고 했단다. 아
내는 화장기 없는 깨끗하고 하얀 얼굴로 상담자를 쳐다보지 않은 채 아래만 내려
다보고 있다.

> 상담자: 반갑습니다. 지난 시간 상담을 마치고 집에 가서 어땠어요?
> 내담자: 아무 일도 없었어요.
> 상담자: 그렇군요. 남편이 이혼하겠다고 하는 말이 일상처럼 되었다는 얘기처
> 럼 들리네요.
> 내담자: 네, 집에서도 하는 말이라서 신경 쓰지 않고 있어요.

내담자(아내)는 아무렇지도 않다고 말은 하지만 상처받았을 것 같다. 이혼에
대해서 내담자는 단호하게 이혼하지 않을 것이라고 확실하게 의사 표현을 하였
다. 그러나 문장완성검사에서 표현한 것은 그렇지가 않았다. 결혼 생활에 대한 내
담자의 생각은 '서로 맞추어 가며 사는 것이 힘들다.'고 하고, 부부가 화목하게 산
다는 것은 많은 시간을 필요로 한다고 하였다. 자신을 낮추고 자신의 생각을 내려
놓고 남편에게 사과하고 좋은 말로 대화하고 싶은데 그것이 쑥스럽고 어렵다고
한다. 남편이 자신을 비난할 때 자존심이 상하기 때문에 좋은 감정으로 대하지 못

해서 관계가 회복되지 못하여 부부간 성생활을 1년 이상 멀리하고 있는 상태라고 한다. 문장완성검사에서 내담자는 20대에 술 먹고 방황하고 제멋대로 살았던 것이 남편에게 알려질까 두렵다고 하고 있다. 그러한 모든 잘못된 과거 행동을 많이 반성하는 글들이 있었다. 그리고 자기를 뛰어넘어 자신을 다듬어 성숙하게 만들어 남편에게 대접받기를 바라는 마음을 표현하고 있었다.

상담자 입장에서 무력화된 부부의 삶에서 긍정적 방향 제시가 필요할 것 같아서 아내에게 의견의 차이가 있거나 비난을 당하게 될 때에도 말을 많이 하지 말고 남편의 이야기를 들어줄 것을 당부하였다. 아내는 자신이 말을 많이 하고 잘 참지 못하는 것을 지금부터라도 연습하고 노력할 것을 약속하였다.

　3회 차 상담에 아내 혼자서 왔다. 남편이 연말이 다가와 너무 바빠서 올 수 없다면서 '네가 가서 상담 받고 좀 변하면 좋겠다.'라고 남편이 말했다고 했다. 상담자가 일주일 동안 남편과 대화를 어떻게 노력하고 반응을 얻었는지를 물었다. 본인은 별로 할 말도 없고 말을 해도 들을 것 같지 않아서 하지 않았는데 가슴만 답답했다고 한다. 상담자가 그렇다면 그것을 글로 한번 써 보겠느냐 묻고 '말풍선'이라는 그림이 인쇄된 종이를 사인펜과 책상에 내어 놓았다. 내담자는 그렇게 하겠다고 주저하지 않고 종이에 사인펜으로 글과 그림으로 가슴에 있는 답답함을 표현하였다.

말풍선

풍선에서 내담자가 본인에게

- 많이 힘들지? ○○야.
- 너를 내려놓고 상대방을 사랑하는 마음으로 보자. 이 기나긴 통로가 지나면 니가 소망하는 가정의 평화가 기다리고 있는 거야!

　내담자(아내)는 말풍선을 통해 자기 스스로 마음을 다지는 내용을 적었다. 그림에서 우는 모습을 그리고 오른쪽에 가족이 행복하게 웃는 모습을 그리면서 초록색으로 길을 그리고 여기를 끝까지 지나갈 수 있을까? 하는 슬픔을 표시했다. 초록색 길을 그린 것으로 보아 희망을 가지고 있음을 나타내어 희망적으로 볼 수 있었다.

아내상담

　3회 차 상담에 아내 혼자서 왔다. 남편이 연말이 다가와 너무 바빠서 올 수 없다면서 '네가 가서 상담 받고 좀 변하면 좋겠다.'라고 남편이 말했다고 했다. 상담자가 일주일 동안 남편과 대화를 어떻게 노력하고 반응을 얻었는지를 물었다. 본인은 별로 할 말도 없고 말을 해도 들을 것 같지 않아서 하지 않았는데 가슴만 답답했다고 한다. 상담자가 그렇다면 그것을 글로 한번 써 보겠느냐 묻고 '말풍선'이라는 그림이 인쇄된 종이를 사인펜과 책상에 내어 놓았다. 내담자는 그렇게 하겠다고 주저하지 않고 종이에 사인펜으로 글과 그림으로 가슴에 있는 답답함을 표현하였다.

● **신앙을 통한 부부 이야기**

　상담자: 안녕하세요. 잘 지내셨어요?

　내담자: 네.

　상담자: 전화를 잘 안 받으시네요.

　내담자: 구리에 있는 시댁에 다녀오느라 바빴어요.

　상담자: 부부가 같이 갔었나요?

　내담자: 아니요. 갈 때는 딸하고 먼저 버스로 가고, 올 때는 같이 왔어요.

상담자: 본인이 조금은 바뀌었다고 생각하였는지요?

내담자: 네. 그런데 남편은 못 느끼는 것 같아요. 서로 얼굴을 볼 시간이 없으니까요.

상담자: 왜지요?

내담자: 남편은 연말이라 늦게 들어오고, 아침에는 내가 새벽예배 다녀오기 때문에….

상담자는 아내에게 새벽예배에 가서 어떤 기도를 하는가 물었다. 하나님께서는 어떤 아내, 어떤 엄마가 되는 것이 바람직하다고 생각하시겠는가? 물어보았다. 내담자는 침묵한다. 상담자의 생각을 말해 보았다. 하나님께서는 간절한 기도보다는 아내로서 엄마로서의 할 일을 먼저 하는 것을 더 바람직하게 보실 것 같다고 말했다. 행복한 가정을 만들면 아이는 엄마 아빠의 다정한 눈빛과 미소 그리고 정겹게 이야기하는 소리를 들으면서 아이도 같이 행복함을 느낄 것 같다는 말을 했다. 교회를 새벽예배, 수요예배, 주일예배 등 열심히 다니면서 기도를 드려도 가족을 소홀히 하면 하나님은 그런 기도를 듣지 않으실 것 같다고 말해 주었다. 내담자는 변하고자 노력은 하고 있으나 신앙생활로 신께 의지하는 것만으로는 방법적인 면에서 시간이 필요할 것 같다.

아내상담

　오늘도 내담자(아내)는 수수한 옷차림과 화장하지 않은 얼굴로 혼자서 왔다. 피부가 곱고 희어서 굳이 화장을 하지 않아도 예쁜 얼굴이다. 아마 남편이 여기에 반한 것이 아닌가 하는 생각이 든다. 상담 온 것 때문인지 원래 무표정한 것인지 물어보았다. 본인은 많이 웃거나 수다를 떨거나 유머스럽지 못한 성격이라고 한다.

　내담자에게 자신이 가장 소중하게 생각하는 것이 무엇인가 상담자가 물어보았다.

가치관 알아보기

● 가치관 알아보기

- 가장 소중한 것: 가족, 신랑, 자녀
- 소중한 것: 친구, 친정 언니들
- 버려도 되는 것: 나쁜 마음

그림이 있는 종이를 주었더니 내담자는 어떻게 쓰는 것이냐고 묻고 한참 생각한다. **가장 소중한 것에 신랑을 썼다. 소중한 것에는 친구와 친정 언니들**을 쓰고 쇼핑하고 맛집을 찾아간다고 하였다. **버려도 되는 것에서 나쁜 마음**이라고 썼다.

상담자가 신랑을 가장 소중하게 생각해 줘서 기쁘다고 박수 쳐 주었다. 소중한 것에서 친구 만나서 밥 먹고 커피 마시고, 언니들이랑 쇼핑하고 맛집 찾아다니는 것을 그림으로 표현했다. 상담자가 제동을 걸었다. 생산적인 일을 해야 되는데 모두 소비만 하고 다니는 것은 신랑에게 미안한 일이 아닐까라고 물어보았다. 버려도 되는 것에서 '나쁜 마음'이라고 한 것을 구체적으로 설명해 줄 것을 부탁하였다. 설명을 망설이더니 신랑이랑 심하게 싸웠을 때 죽이고 싶은 생각을 여러 번 했는데 지금은 신랑이 안됐다는 생각이 들면서 마음을 정화하고 있다고 말하여 상담자는 마음이 바뀐 것과 정화하려고 한다는 말에 칭찬과 지지를 해 주었다. 친구 만나는 일과 언니들과 쇼핑하는 것은 한 달에 몇 번 정도인가 물어보았다. 내담자는 거의 한 달 내내라고 한다. 남편이 냉장고 음식이 썩고 집 안에 발 디딜 틈이 없다고 하였던 말을 이해할 수 있을 것 같았다.

남편상담

오랜만에 남편이 상담을 왔다.

상담자: 오랜만입니다. 반가워요. 그동안 바쁘셨다면서요.

내담자(남편): 예, 연말이라서 정말 바빴어요.

상담자: 아직도 바쁠 텐데 이렇게 와 줘서 고맙고 칭찬해 주고 싶네요.

내담자는 문장완성검사지를 책상에 내어 놓았다.

● 문장완성검사

· 무슨 일을 해서라도 잊고 싶은 것은: **나의 실수**

· 결혼 생활에 대한 나의 생각은: **드라마다.**

· 언젠가 나는: **성공할 것이다.**

· 나의 야망은: **성공하는 것이다.**

· 내가 잊고 싶은 두려움은: **없다.**

· 나의 성생활은: **힘들다.**

내담자는 남자와 여자를 비교하여 쓴 것이 많고, 생각해 보지 않은 내용들이라

답하기가 힘들다고 하며 적지 않은 것도 여러 개가 있다. 그래서 내용들이 성의가 없고 대충 답을 했다는 느낌을 받았다. 답을 한 것에 대해서도 상담자가 궁금해하는 부분의 답을 피하고 있어서 비하인드 스토리는 차차 듣기로 했다.

상담자가 아내가 상담을 충실하게 잘 받고 있다고 얘기해 주고, 변한 부분이 있는가 물어보았다. 아내가 상담을 받은 후부터 좋아진 것을 느끼고 있으며 아기도 떼를 쓴다든가 하는 부분이 많이 좋아졌다고 말하였다. 참 좋은 현상이라고 하면서 지금도 이혼할 생각을 가지고 있는가를 물었다.

내담자는 그러하지만 이러한 상황이 내가 이혼하겠다고 생각한 것과는 아무 상관이 없다고 말하며 기본적인 것은 생활방식은 바뀌지 않을 것이라고 단정 지었다. 구체적으로 설명할 것을 부탁하였다. 내담자는 모든 가정주부가 하는 일을 아내는 전혀 실행하지 못하며 부부간에 기본으로 지켜야 할 본분을 지키지 못하기 때문에 이혼을 해야만 할 것이라고 한다. 위자료, 아이 양육비는 원하는 대로 줄 계획이라고 한다. 아내는 가장 소중한 사람을 남편이라 하고 이혼은 절대로 안 할 것이라고 했는데, 너무 생각의 차이가 크다. 두 사람을 한자리에 앉게 하여 서로에게 하고 싶은 이야기를 하는 시간을 갖도록 해야 할 것 같다. 남편에게 다음 주 부부가 같이 얼굴을 맞대고 서로에게 쌓인 감정을 풀 수 있는 기회를 마련해야 할 것 같다고 상담자의 생각을 전하고 부부가 같이 올 것을 부탁하였다.

  부부가 같이 웃으며 상담실로 들어왔다. 전혀 이혼할 부부같이 보이지 않는 연출이다. 남편은 왜 이혼을 하려고 하는지를 서론, 본론, 결론을 A4 용지에 논리적으로 써 온 것을 상담자에게 주었다. 부탁하지 않았던 상황이라서 놀라웠다.

● 이혼하겠다고 하는 남편의 이야기

- **서론:** 결혼하여 약 3년 동안 거의 외식을 하고 집에서 밥을 하지 않았고 집안 정리는 하지 않았으며 주말마다 놀러 다니자고 하여 맞춰 주었음.

- **본론:** 이렇게는 안 되겠다고 하여 다투기 시작하면서 전혀 내 말이 먹히지 않았음. 옷을 계절별, 용도별로 정리할 것을 말하자 "니가 해라."라고 말하며 여름옷과 겨울옷 등을 구별하지 않아서 찾을 수가 없을 정도로 마구 집어넣음. 양말은 100켤레도 넘으나 신으려고 하면 세탁 바구니에 쌓여 있음. 아이 양육도 제대로 하지 못하여 아기가 항상 짜증을 내며 소리 지름. 정신신경과에서 의사의 말이 아내가 '주의력 산만'이라고 처방하였음.

- **결론:** 상담을 받고 행동이나 아이 양육에서 다소 변화는 보였으나 근본적인 부분에서 아내는 절대로 변하지 않을 것이라고 결론 내리고 이혼을 하

여야겠다고 마음을 굳혔음.

내담자(남편)는 강력하게 자기 의사를 아내에게 전달하였다. 상담자가 아내에게 반론을 제기하도록 하였으나 아내는 남편도 정리를 하지 못하는 것은 나와 같다고 말한다. 남편은 자기가 매월 200만 원을 주는데 거의 친구들과 외식하는 데 쓰고 반찬을 산다든가 하는 것은 하나도 볼 수 없다고 그런 점도 이혼의 한 부분이라고 한다.

상담자가 남편에게 논리적이고 빈틈이 없는 것은 아내를 질리게 한다고 말하고 너그러워질 것을 요청하였다. 아내가 부족하다면 그것을 이해해 줄 수는 없는가 물었다. 남편은 많이 참고 기다렸지만 전혀 대화가 안 된다고 하면서 아내도 나를 바꾸지 못하겠지만 나도 아내를 바꿀 자신이 없다고 한다. 남편은 아내에게 상담 선생님 계신 데서 이혼할 날을 잡으라고 한다. 그러면 나는 회사에 미리 얘기해 놓겠다고 으름장을 놓는다. 상담사가 앞으로 3주 후에 같이 와서 그동안 생각 많이 하고 다시 이야기해 보자고 하고 남편을 달래서 보냈다.

이런 경우 우선은 아내와 충분한 이야기를 나누어야 할 것 같아서 3주 후 아내만 오도록 내용을 변경하였다. 남편이 써 온 글을 아내는 부정하지 못하고 서로 떨어져 앉아 반대쪽을 바라보고 있었다. 서로 감정의 골이 깊어져 있음을 알 수 있는 장면이다. 남편이 말했듯이 아내의 습관과 행동을 상담으로 바꿀 수 있을지 매우 어려운 숙제를 받은 것 같아 마음이 무거워졌다. 그러나 두 사람을 위해서 최선의 노력을 할 것이다. 또한 아직 상담사에게 보이지 않은 무엇인가를 보여 준다면 해결할 수 있는 길이 있을 수 있지 않을까 하는 기대를 해 본다.

아내상담

약속한 대로 내담자로 아내가 왔다. 역시 수수한 차림에 화장기 없는 깨끗한 얼굴이다. 남편이 소개받고 순수해 보이는 이 모습에 반했으리라. 인사를 나누고 내담자의 남편에 대한 생각과 자신을 어떻게 생각하는지를 글로 써 보도록 준비한 필기도구를 주었다.

● 남편 장점

- 흥이 있다.
- 심하게 구속하지 않는다는 점.
- 논리적이다(지나칠 정도).
- 돈을 낭비하지 않는다.

● 본인 단점

- 지지 않으려고 계속 말싸움한다.
- 깨끗하고 완벽하게 정리하지 못한다.

- 의사전달을 제대로 못 한다.
- 대화를 잘 이끌어 가지 못한다.

● 아내가 진정 원하는, 스스로 고치고 싶은 것

- 싸울 때는 상대방의 이야기 듣고 수긍하자.
- 말대꾸하지 말자.
- 최대한 할 수 있는 만큼 정리 정돈하고 청소하자.
- 신랑에게 고운 말 사용하자.

내담자(아내)는 많은 부분에서 반성하고 있으며 잘해 보려고 노력하고 있음이 보인다. 남편에게 말을 붙이려 해도 남편이 외면하고 있어서 대화를 전혀 하지 못하고 있다고 하면서 다음 상담은 남편을 해 달라고 한다. 그리고 오늘 했던 프로그램을 남편에게도 시켜 달라고 하면서 본인이 남편과의 대화를 하고 싶어 한다고 전해 달라고 부탁한다. 둘째를 낳아 딸아이가 동생하고 재미있게 놀 수 있도록 해 주고 싶은 소망을 이야기하여 남편을 좋아하고 있음을 알 수 있었다. 이런 상황에서 이혼에 대해서 이야기를 꺼낸다는 것은 내담자의 자존감과 무관하지 않은 것 같아 이야기를 감정의 뒤편으로 밀어 놓았다. 상담자 자체가 이혼을 상담의 목표로 다루는 것을 안 좋아하는 탓도 있을 것이다. 결혼은 반려자와 생을 다할 때까지 서로 조율하며 같은 길을 걸어가는 관계로 보기 때문이다. 이 부부의 드러나지 않은 어떤 미해결 과제를 들을 수 있다면 좋은 결말을 가지고 올 수도 있겠다는 생각을 해 본다. 그리고 다음 상담은 아내의 부탁으로 남편을 만나야 될 것 같다.

남편상담

오늘은 아내의 부탁대로 남편을 만났다. 반갑게 인사를 나눴다.

아내에게 했던 것같이 본인에 대해서 써 보자고 하였더니 본인이 문제가 있는
것이 아니기 때문에 아내에 대해서 쓰겠다고 하였다.

● 남편이 말하는 아내

- 대화가 되지 않는다.
- 진정한 자기반성이 없다.
- 앞으로 전혀 바뀔 것 같지 않다.
- 상식을 벗어나고 있다.
- 생각이나 행동하는 것이 나를 맞추지를 못한다.
- 동문서답하고 있다.
- 나와는 너무 맞지 않고 거리가 있다.

● 남편이 진정 원하는 것

· 이혼하겠다.
· 서구식 이혼을 하겠다.
- 이혼 후 한 달에 한 번 정도 만나서 아이에 관한 것을 의논하고 식사도 같이
  하고 원수처럼 지내는 것이 아니라 친구처럼 지내고 싶다.

내담자(남편)는 상담자가 아내가 이혼할 생각이 없고 노력해서 잘 살아 보겠
다고 한다고 말을 했지만 듣지 않고 이혼만이 답이라고 고집한다. 아내가 상담을
받은 후 달라지긴 했지만 근본적인 것이 해결되지 않았으며 이것은 노력만으로
되는 것이 아니라고 한다. 신경정신과 가서 정신감정을 받았으면 좋겠다고 한다.
상담자가 부부란 부족한 부분을 덮어 주고 이해하며 서로 조율하면서 살아가
는 것이라고 말하였더니 아내는 그런 상식이 통하지 않는 여자라고 하면서 해결
방법은 이혼뿐이라고 강한 의지를 보이기 때문에 더 이상 조언을 할 수 없었다.

부부상담

부부가 좋은 표정으로 들어왔다. 지난 시간에 두 사람에게 상담 후기를 써 올 것을 부탁하였다.

● 남편의 상담 후기

부부관계에 문제가 있어 아이의 정서불안이 생긴 것을 상담을 통해 알게 되었으며, 아이의 정서불안은 아이와의 시간을 많이 갖고 아이에게 부모가 놀아 주고 안정을 갖는 것이 아이의 정서행동에 좋다는 상담 선생님의 조언을 들어 노력하여 아이의 행동이 개선되었습니다. 상담을 받기 전 이혼에 대해 심각한 상태로 진행 중이었으나 상담을 받은 후 숙려해 보고 결정하려고 합니다.

● 아내의 상담 후기

내 잘못을 되돌아보고 어떤 점을 고칠 것인가 생각을 하게 되었다. 신랑이 계속 이혼을 요구할 때도 결국 내 행동에 문제가 있고 잘못 표현한 것이 나한테 다시 돌아오는구나! 후회하는 마음이 들기도 하고 가슴이 아프기도 했다. 상담을 한 이후로 기회를 삼아 상대방도 아닌 나 자신을 위해 더욱 성숙해져 나가는 그런 사람으로 변화가 되어 가족을 위한 삶으로 살아가고 싶다.

남편은 결혼 2년 차부터 대화가 안 되고 이야기에 집중하지 못하는 아내를 보고 이혼을 마음먹었다고 한다. 같이 길을 걸으면 혼자 휴대폰을 하면서 걸어가며 상대방의 이야기를 듣지 않고 나중에 그런 말을 언제 했느냐고 따진단다.

상담자가 아내에게 유예기간을 얼마로 하면 좋겠는가 물었더니 1년 정도는 기간이 필요하다고 한다. 남편이 이 말을 듣고 그렇다면 그때까지 상담을 받아야 된다고 하자 아내가 놀란다. 남편은 지금 10주 상담을 하여 이 정도 좋아졌기 때문에 상담을 계속 받으면서 고쳐 나가야 한다고 하여 아내를 설득시켜 그렇게 하기로 결정하였다.

부부가 이혼을 전제로 상담을 10회기만 받겠다고 하여 시작한 상담이었다. 부부는 생각이 각기 다른 곳을 향하고 있어서 두 사람의 공통점을 찾기가 쉽지 않았다.

아내는 이혼할 의사가 전혀 없으나 스스로 변화를 보이고자 하는 기간을 1년으로 잡았다. 남편의 적극적인 참여로 상담을 마칠 수 있었으나 남편의 이혼에 대한 생각은 변하지를 않았다. 남편의 의견대로 추후 상담을 하기로 하고 아내의 동의를 구하였다.

짧은 연애기간을 거쳐 결혼한 부부는 아내의 게으름으로 남편은 실망하고 딸의 양육방법을 남편은 못마땅하게 생각하여 상담을 신청한 사례이다.

아내는 전혀 본인이 행동한 것에 대해서 잘못을 인지하지 못하여 남편으로부터 이혼을 왜 요구받았는지를 모르고 있다. 그러한 상태에서 상담을 통해 이해하지 못하는 부분을 설명을 듣고 알게 되었다. 아내는 이혼은 아이를 위해서 절대하지 않을 것이며 점차 자기가 부족한 부분을 고쳐 보겠다고 상담사와 남편에게 다짐하였다. 남편의 의견을 따라 사후 상담을 받기로 하여 상담을 통해 변화된 자신의 모습을 보여 줄 것을 약속하였다. 두 사람의 관계가 해소되고 의사소통이 원활해지게 되면 둘째 아이를 갖겠다고 하여 남편의 분노를 샀다. 아이 하나도 제대로 된 양육을 하지 못하면서 또 아이를 낳겠다고 한다고 꿈도 야무지다고 핀잔을 준다. 남편에게도 마음의 여유를 갖고 아내의 의견을 존중해 줄 것을 부탁하였다.

그동안 상담에 잘 참여해 준 것에 대해서 감사한 마음으로 수고했다고 칭찬하며 처음 약속한 10회기 상담을 마쳤다.

> 추후상담

● 남편상담

상담을 종결하고 두 달이 지난 어느 날 내담자(남편)에게서 전화가 왔다. 추후상담을 받겠다고 한 약속을 잊지 않고 전화를 주고 이번 주 토요일에 오겠다고 하여 반갑게 전화로 대화하고 좋다고 하였다.

내담자(남편)는 요즈음 혼자 지내고 있단다. 아내는 별거의 개념으로 떨어져 지낼 것을 제안하였으나 짐을 싸 가지고 딸을 데리고 우리 엄마 집으로 갔다고 한다. 엄마에게 이혼할 것이라는 얘기를 분명하게 하였고 엄마는 알았다고 하셨다고 한다. 상담자가 아내는 이혼할 생각이 없기 때문에 부모님의 도움을 받고 싶어서 시댁으로 들어간 것이라고, 아내가 들어올 자리를 마련해 주는 것이 어떻겠는가를 물었다. 내담자는 결혼 5년 동안 참고 내린 결론이기 때문에 더 이상은 마음을 주고 싶지 않다고 하여 더 이상 같은 주제로 내담자를 불편하게 하지 않았다. 그런데 내담자는 정서적으로 불안함을 보인다. 무엇인가 하고 싶은 이야기가 있는 듯한데 오늘은 여기서 마치기로 했다.

일주일 후 역시 내담자(남편)는 혼자서 왔다. 아내는 아직 시댁에 있는가 물었다. 어머니하고 마트도 다니고 여기저기 놀러 다니면서 잘 지내고 있다고 상담은 혼자 받고 많이 변하라고 어이없는 말을 하고 있다고 한다. 상담자가 내담자에게

1. 당신의 인생 드라마에 제목을 붙인다면 무엇이라고 하겠는가?: **"시트콤."**
2. 당신의 인생 드라마의 장르는 '희극, 비극, 멜로드라마, 모험 드라마, 액션 드라마, 기타' 어디에 속하는가? 그 이유는 무엇인가?: **"시트콤, 희극."**
3. 당신의 인생 드라마에 대한 시청자의 반응은? 당신의 인생 드라마에서 시청자가 특정한 반응을 보일 것으로 예상되는 이유는?: **"웃는다. 웃기는 상황이라고 말할 것이다."**

내담자는 본인의 인생 각본을 '희극'으로 표현하고는 상담자를 쳐다보지 않고 이야기도 하지 않고 잠시 침묵하고 있다. 무엇인가 하고 싶은 말이 있을 것 같았지만 말로 하기에 어색해하는 것 같아서 내담자에게 어머니와 아버지에 대한 긍정적 감정과 부정적 감정을 글로 써 볼 것을 주문했다. 내담자는 이상하리만치 심각하게 우울한 표정을 지었다. 그리고 어머니와 아버지가 본인 11살 때에 이혼하셔서 아기 때 소아마비를 앓아 장애인인 아버지는 알코올 중독이 되었고, 본인은 방치된 상태였다. 본인은 컴퓨터에 중독되어 게임에 빠져 있었는데 아버지가 컴

퓨터 선을 가위로 잘라 버렸다. 이것이 아버지에 대한 가장 부정적 사건이었다. 긍정적인 면은 본인을 위해서 올바른 행동과 학업에 충실할 수 있도록 많은 노력을 하셨다는 것이다. 어머니는 경제를 책임져야 했기 때문에 고생을 많이 하셨기 때문에 이혼을 하신 것이 아닌가 하는 생각을 크고 나서 해 보았다. 부정적인 부분은 어떻게 어린 나를 두고 떠날 수 있었을까 하는 점이다. 그 때문에 본인은 도둑질 등 나쁜 짓은 다 하고 돌아다녔다고 한다. 상담자가 그때의 감정을 그림으로 표현해 보겠는가 물었다. 하겠다고 말해서 종이를 준비해 주었다.

당시 내담자의 감정

붉은색 크레파스를 집어 마구 그렸다. 그 당시는 이 정도로는 해결되지 않았으나 그 충격을 받은 지 30년(내담자 나이 40)이 지난 지금 이해할 수 있는 부분이 많아졌다고 한다.

상담자가 지금 어머니는 새로 들어오신 분인가 물었다. 십 년쯤 어느 날 어머니가 집에 들어오셨는데 이혼 후 열심히 돈을 벌어 부자가 돼서 오신 것이었다. 집도 한 채 가지고 계셨는데 본인에게 미안한 마음에서 집 등기를 자기에게 넘겨주셔서 어머니 덕분에 집을 가지게 되어 어머니를 원망하고 싫어했던 감정이 양가감정으로 다소 약화되어 긍정적인 부분으로도 이해가 가능해졌다고 한다.

내담자는 어린 시절 부모의 이혼으로 심각한 트라우마 경험을 한 것이다. 아동기의 트라우마 경험은 그들의 정체성과 삶에 대한 부정적 결론을 강화시키는 방식으로 취약성, 황폐함, 쓸모없다는 느낌을 키우는 것과 관련된다(Denborough, 이경욱 외 옮김). 내담자는 아동기에 겪은 강한 트라우마에서 아직도 벗어나지 못하고 있다. 10년이 지난 어느 날 만난 어머니를 지금도 양가감정을 가지고 신뢰하지 않고 있다. 그러나 헤어져 있었어도 가족은 버리지 않고 돌아와 준 것에 대해서는 긍정적으로 생각하고 있어 아내와 이혼을 다시 생각해 볼 것을 권유할 때마다 상담자에게 10년 정도 있다가 합쳐도 된다는 말을 했던 것이었다.

아내가 오랜만에 집으로 돌아와서 상담을 왔다. 시어머니와 잘 지내고 있다고 들었는데 잘 대해 주셨는지 물었다. 아내는 시어머니하고는 서로 이야기도 많이 하고 아버님과 어머님이 손녀딸을 아주 예뻐하신다고 하면서 시어머니는 남편을 이해하라는 말씀만을 하신다고 한다.

상담자가 친정으로 가지 않고 시댁으로 간 이유가 있는지 물어보았다. 내담자(아내)는 친정에는 새어머니가 계셔서 불편하다고 한다. 부모님이 이혼하여 언니들 집에서 주로 생활을 했는데 지금 같은 상황에서 남편이 세 언니들에게 이혼할 것이라고 이미 얘기를 해 놨기 때문에 언니들 집에는 형부에게 미안해서 갈 수가 없다고 말한다. 그래서 20대에 방황하고 멋대로 살았다는 것이 이해가 갔다. 어머니의 부재로 모델링이 없었던 것이 정리 정돈이라든가 음식을 조리해서 가족이 함께 집에서 먹는 것을 보지 못한 것이 결정적 문제가 되었던 것 같았다. 가정이라는 틀이 깨어져 본인이 스스로 관리하는 방법을 익히지 못한 채 결혼할 준비가 되어 있지 않은 상태에서 결혼을 했기 때문에 여러 가지 시행착오를 일으키고 있었다.

양육의 결핍으로 인한 상처에서 생긴 패턴과 함께 사회화 과정의 결과로 인해 생긴 상처가 더해져 부부간의 '힘겨루기'는 그 양상이 더욱 복잡해진다. 자신이 필요할 때 따뜻함을 제공받지 못한 아이는 '버림받음'이라는 상처를 받는다. 상처가 생기는 이유는 양육이 불안정하기 때문이다(Rick Brown, 오제은 역, 2011).

오늘은 내담자(남편)가 상담자에게 본인이 상담을 주도하겠다고 한다. 상담자가 주도하는 상담은 항상 주제가 한계가 있다고 하여서 좋다고 그렇게 해 보자고 내담자가 원하는 대로 따라가기로 하였다. 내담자는 주제를 A4 용지에 써서 상담자에게 보여 주었다.

● 나의 이야기

- 가정: 부담감
- 일: 직장과 사회에서 사람들과의 소통 문제
- 친구: 친구에게 해 주고 싶은 일들을 친구(소수)들과 전화 통화로 개인의 각각에 대한 여러 이야기를 푼다.
- 본인에게 해 주고 싶은 일: 스스로에게 질문하고 문제를 던져 주고 생각하고 고민하면서 나에게 괜찮다는 메시지를 주면서 위로하고 달래 준다.

내담자는 지난주 오늘 상담은 자기가 주도적으로 하겠다고 하여 그러자고 했다. 오늘 주제를 네 가지「가정, 일, 친구, 본인에게 해 주고 싶은 일」등을 종이에 적고 상담사와 이야기로 전개한다. 가정을 지키는 것에서 피하고 싶다고 한다. 아내와의 의견불일치 및 코드가 안 맞아 가정을 포기하고 싶다는 느낌을 받았다. **일(직장)**, 부서에서 하는 일이 과부화가 걸려 스트레스를 너무 심하게 받고 있다고 한다. 내가 아는 것과 상대방이 아는 것의 차이에서 한참을 생각하고 스트레스 상황 속에서 직장 상사에게 머리를 숙여야 한다는 부분 때문에 작년에는 의욕 상실과 안면근육에 경련과 마비가 와서 반년 이상의 회복기간을 갖게 되었다. 상식선에서 기준을 지키려 노력하지만 나의 체력의 한계를 보게 된다. **친구(소수)**와는 핸드폰, 카톡 등으로 30분 이상의 스트레스를 푼다고 한다. **본인에게 해 주고 싶은 일,** 스스로에게 질문을 던진다. '내게 왜 이런 일이 일어났지?' '왜 이런 상황이 됐는지!' 등 이러한 감정을 정리하는 데 두 달 이상이 걸려 나 스스로에게 답을 준다. 어릴 때는 영화를 보거나 만화를 보고 주인공들의 멋진 말들을 통해 스트레스를 풀었는데 지금은 그런 수준으로는 해결이 되지 않는다고 하였다. 오늘로 상담을 마치겠다고 한다. 내담자에게 아내의 문제만이 아니라 직장에서의 복합적인 문제가 있다는 것을 누구에게도 말하기 힘들었던 것들을 본인이 주체가 되어 상담을 주도하면서 메시지를 상담자에게 전달하고 16회기를 모두 마쳤다. 상담사가 내담자의 사연을 좀 더 깊이 있게 대화를 통해 듣고 충분하게 속내를 털어놓을 수 있는 상담을 못 했구나 하는 미안한 마음을 갖게 만든 사례가 될 것이다.

이 사례에서 부부는 어린 시절 부모의 이혼이라는 충격적인 경험이 성장에 결정적인 영향을 미쳤던 '트라우마'라는 큰 늪에서 헤어나지 못한 채 지금-여기에서 '이혼'이라는 문제를 가지고 힘들어하고 있다. 두 사람은 미해결 과제로 인해

자기 자신에 몰입해 있기 때문에, 주위 환경에서 일어나는 사건이나 상황을 잘 자각하지 못하며, 현실을 직시하지 못하는 경향성을 보이고 있다(김정규, 2015). 이렇듯 경직된 행동 패턴은 두 사람이 성장과정에서 경험한 여러 가지 이유로 인해 타고난 자신의 능력, 가치관, 자신의 정체성을 발견하여 자신의 모든 분리된 부분을 통합하지 못한 것(문채련, 이현주 공저, 2015)이 원인이 될 수 있다.

어릴 때 외롭고 버림받은 처지에서 자랐다 하더라도 트라우마의 막을 뚫고 이를 벗고 나올 때 비로소 새로운 가능성이 열리게 된다(김정규, 2015)는 사실을 인지하지 못하는 안타까움을 보여 주고 있다. 어릴 때부터 가지고 있던 무의식적 가치기준들을 통합하지 않은 채 미해결 과제를 가지고 결혼하였기에 두 사람은 각자 자기 자신에 대한 고정된 행동 패턴과 습관들이 가정을 위기로 몰아가는 원인이 아닌가 하는 분석을 해 본다.

이 글을 쓰면서 추후 상담이 끝난 지 4개월이 지난 내담자(남편)에게 전화를 걸었다. 남편은 잠을 자다가 깬 듯한 목소리로 전화를 받는다. 부부간 이야기를 물어보았더니 한 달 전에 이혼을 하고 몸이 회복되지 못한 상태라고 한다. 아내가 이혼을 받아들이지 않아 심리적으로 많은 어려움이 있었다고 한다. 상담자가 부모님같이 10년이 지난 후 다시 결합할 의사가 있는가 물었더니 그런 일은 없을 것이라면서 그 여자는 생활 패턴이 10년이 지나도 절대 변하지 않을 것이라고 하였다. 위자료는 원하는 대로 주었고, 딸의 양육비는 매달 약속한 금액을 주기로 하고 딸과의 만남은 한 달에 두 번 갖기로 했다고 말하였다.

내 안에 갇힌 여자

(표정 없는 얼굴, 앞머리로 눈을 가린 '나를 잃어버린' 슬픈 아가씨!)

첫 번째 상담

170(cm)이 넘는 키에 감정이 전혀 보이지 않는 몸짓으로 로봇처럼 어머니의 등 뒤에서 걸어 들어온다. 의자에 앉으라 하고 조심스레 질문을 한다. 그 질문에 대답은 시간이 걸리고 입술을 조금 떼기 때문에 말소리가 들리지 않는다. 상담자는 내담자에게 "나를 보면 어떨까?" 하고 말하였으나 눈 맞춤을 하지 않아서 내담자의 생각을 읽을 수가 없다.

다음 상담 시간에 딸의 검사지 받은 것을 가지고 딸과 함께 왔다.

딸에게 엄마를 나가 계시라고 할 것인가를 물었다. 딸은 머리를 끄덕이며 의사 표시를 한다. 딸은 아무 표정도 없고 상담사를 쳐다보지도 않고 머리를 숙이고 앉아 있다. 간단한 질문에도 아무 반응을 하지 않아 필요한 그림을 그렸으면 좋겠는데 그림을 그려보겠냐고 물었다. 대답 대신 머리를 끄덕인다.

초기상담에서 필요한 'HTP' 그림검사를 위해 준비를 하고 왜 이 그림을 그리는지를 설명하고 그림검사를 시작하였다.

HTP(집; House 나무; Tree 사람; Person)에 대한 부분 해석

집: 초등학생들이 그리는 기본 폼의 삼각형 집을 단순하게 그렸다. 창도 없고 사선을 그려 대인관계를 원하지 않는 무력감이 보인다.

나무: 한 개의 선으로 그려진 공중에 떠 있는 듯한 나무는 유년기 부모의 지원이 부족하지 않았나하는 분석과 정서가 메말라 보이는 나무를 그렸다. 문장완성 검사를 읽고 확인이 되었던 부분이다.

사람

남자: '모르는 사람'이라고 함. 눈 코 입이 없고 표정이 없는 남자의 희미한 얼굴을 그렸다. 손을 짙은 음영과 뾰족하면서 갈고리 같은 손가락과 다리를 희미하게 형태를 갖추지 못한 것을 그렸다. 죄를 지은 사람을 저주하고 싶은 나쁜 손과 다리라고 하였다(상당한 적대감과 증오, 명백한 공격성을 띰).

여자: 눈, 코, 입이 없는 타원형의 얼굴, 머리로 앞이마를 가린 긴 생머리를 하고 반듯하게 손은 주먹을 쥐고 서 있는 모습을 그렸다. 우울과 리비도가 낮은 타인과의 교류를 회피하며, 현실을 외면하고 공허한 상태를 표현하고 있다.

상담사의 지시에 주저하거나 거부하지 않았으며 그림에 대한 설명은 짧게 답하여 라포 형성이 필요하다는 생각을 하며 서서히 접근해 가는 것이 필요할 것으로 보인다. 집 그림에 대한 대답은 '녹이 쓴다.'라고 답하며, 나무 그림에 대한 답변으로 100년 후 '쓰러진다.'고 답하여 미래에 대한 절망을 나타내었다. 그림에 대한 설명은 상담자가 묻는 것에 대해서 아주 작은 목소리로 짤막하게 대답하였다.

문장완성검사에서 내담자는

- 내가 어렸을 때는: **많이 맞았다.**
- 내가 정말 행복할 수 있으려면: **안 좋은 기억에서 벗어나는 것**
- 내가 보는 나의 앞날은: **길이 안 보인다.**
- 다른 친구들이 모르는 나만의 두려움은: **잔혹함**
- 나의 가장 큰 결점은: **솔직해지려고 하면 나는 덜덜 떤다.**
- 생생한 어린 시절의 기억은: **맞았던 것**

부모의 보호가 절대적으로 필요한 시기의 아이들은 정신적 육체적으로 미성숙하다. 이 시기 아이의 순수하고 깨끗한 마음은 어른들로부터 보호를 받아야 함에도 학대를 받거나 폭력을 당하게 되면 그 상처는 무의식의 깊은 곳에 트라우마로 남게 된다. 이러한 트라우마들이 성장하면서 우울이나 공격성, 무기력 등의 증상들로 수면 위로 떠오르게 된다.

'HTP' 그림검사와 문장완성검사를 통해 내담자는 미래가 보이지 않는 것으로 표현하였다. 특히 문장완성검사에서 나온 말 중 아버지한테 맞았다는 내용이 여러 번 반복 되었기에 무슨 이유에서, 언제까지 맞았는지를 물었다. 본인 생각에는 이유도 없이 저녁에 퇴근하면 때렸다고 하면서 고등학교 1학년까지 때렸는데 1학년 2학기에 소리 지르며 대들었더니 그다음부터는 자기와 같은 공간에 있지 않으면서 때리지 않게 되었다고 한다. 얼마나 떨면서 소리 지르고 울었는지 그날의 기억은 사라지지 않는다고 아주 작은 목소리로 말한다. 이 내담자의 말을 들으려면 집중하지 않으면 한마디 말도 듣지 못한다. 성적인 것에 대해서는 '토가 나온다.' '역겹다.' 라는 대답을 하였다. 특히 '다른 친구들이 모르는 나만의 두려움은'에서 '잔혹함' 이라고 문장을 완성하였기에 상담자가 내담자에게 어째서 잔혹한지를 물었더니 깜짝 놀랄만한 답을 주었다. '지나다니는 남자들을 칼로 찌르고 싶다.'라는 대답과 '결혼 얘기를 하는 사람은 혀를 자르고 싶다'라고 말을 하여 놀랐다.

남자에 대한 분노와 강한 트라우마가 있음과 성에 대한 생각에 문제가 있음을 느끼고 남자에 대한 감정과 성(sex)에 대한 경험을 조심스레 질문을 했다. 의외로 그 부분을 조금 큰 소리로 얼굴은 들지 않고 상담자를 의식하지도 않은 채 말을 하지 않겠다고 반응을 보였다.

두 번째 상담

어머니와 같이 왔다. 어머니는 차 안에서 기다린다고 하였으나 상담자가 어머니에게 먼저 이야기할 것이 있다고 하여 내담자는 주변에 있는 커피숍에서 기다리고 어머니가 먼저 상담을 받았다. 상담자가 어머니에게 물었다. 어린 시절 아버지에게 매를 많이 맞았다고 했다는 이야기를 해 주면서 어머니는 알고 있었는지 물었다. 어머니는 모르겠다고 하면서 맞기는 했지만 그렇게 많이 맞았는지 그것을 이렇게 마음 깊이 세기고 있는지는 전혀 몰랐고 본인에게는 한 번도 말한 적이 없었다고 한다. 아버지가 때릴 때 말리지는 않았는가 물었더니 자기도 맞을까 무서워서 못 말리고 피하곤 했다고 한다. 어머니는 딸이 다른 이야기를 어떻게 했는지를 내게 물었으나 딸에게 잘 대해주라는 말을 하고 딸에게 연락해서 어머니와 상담을 교대했다. 어머니는 차에서 자면서 기다리고 있겠다고 한다.

내담자는 머리로 눈을 가린 채 지난 시간에 앉았던 자리에 앉는다. 오늘도 눈 맞춤도 이야기도 하지 않고 30분이 지났다. 상담자가 그림으로 말을 하겠는가 물었다. 머리를 끄덕인다. '싫었던 경험을 그려 보자'고 제안하였다.

　본인의 그림을 누구에게 보이지 말 것을 부탁받아 그림을 설명으로 하고자 한다.

　「파스넷 빨강 색으로 여러 방향, 사선, 직선으로 선을 그리고 그림 중앙에 검은색으로 사람을 그리고는 역시 검은 색으로 눈, 코, 입을 진하게 그린 후 배경에 올챙이 눈처럼 동그라미에 검은 점을 그려 넣었다.」

　그림에 대한 내담자의 표현: 남이 함부로 나를 대해도 아무것도 안 느껴진다. 나는 여기에 있어도 여기에 없다.

　전체적으로 뭉크의 절규와 같이 괴기한 느낌이 드는 인상을 준다. 가운데 그려진 나로 생각되는 인물은 검정색이고 유령인지 사람인지 알 수 없을 만큼 뭉뚱그려 그린 느낌이다. 눈, 코, 입은 있지만 표정, 머리카락 귀가 없는 얼굴을 그렸다. 무기력한 상태이기 때문에 욕구가 눌려진 것으로 보인다. 배경에 그린 빨간색 선들은 내담자를 옭아매는 줄이고, 주변에 눈동자처럼 보이는 동그라미는 타인을 의식하지 않는 의미로 눈을 그린 것이 아닌가 하는 생각이 든다. 공격성이 내재되어 있지만 그에 대한 표현을 하지 않아서 아무 생각을 하지 않으려는 무기력을 보인다. 붉은 줄을 끊어낼 수 없어서 숨어서 나의 존재를 부정하고 없애는 방법으로 현실을 벗어나고자 하는 것으로 스스로를 가두고 묶어 놓은 것이다. 내담자가 쓴 글처럼 '남이 나를 함부로 대해도 아무것도 느껴지지 않고, 여기에 있어도 나는 여기에 없다.'는 표현이 슬프게 느껴진다.

내담자는 평소 말수가 적어서 누구에게 자신의 고민을 표현하는 일이 거의 없을 것으로 보인다. 그래서 이 활동이 내담자에게 자신의 감정을 해소하는 경험을 주는 데 도움이 됐을 것으로 보인다. 내담자가 부정적인 감정을 가지고 있어서 긍정적이거나 미래를 생각하는 것을 어려워하는 것일 수 있을 것 같다. 점차 자신의 감정을 표현하는 활동을 반복하여 솔직한 자신의 감정을 드러내고, 부정적인 정서를 긍정 정서로 내면을 정리하는 과정을 거친 후 스스로에 대한 강점과 미래를 찾는 활동을 통해 점진적으로 나갈 수 있기를 바랄 뿐이다.

세 번째 상담

버스를 타고 혼자서 상담실을 찾았다. 변한 것이 없이 머리로 얼굴을 가린 채 머리를 약간 숙여 인사를 하고 상담사 앞에 앉는다. 신기하다는 말을 한마디도 하지 않으면서 상담을 받으러 온다. 무엇인가를 하고 싶은 이야기가 있는 것이 아닌가 생각하면서 말이 없는 내담자에게 어떤 방법으로 아니면 어떤 상담기법으로 내담자의 마음을 풀어 줄 수 있을까 많은 생각을 해 본다. 내담자의 이야기를 들어 주고 공감해 주는 것도 상담기법이고, 눈 맞춤하면서 감정을 읽어 주는 것도 상담인데, 내 앞에 앉은 내담자는 머리로 표정을 가리고 묻는 말도 들릴 듯 말 듯 단답형의 '네'만 사용한다. 아니요는 머리를 좌우로 젓는 동작으로 의사 표시를 한다. 상담자가 묻는다. "오늘도 그림을 그려보면 어떨까요?"라고 묻자 대답 대신 머리를 끄덕인다.

상담자가 '집에서 하루를 어떻게 보내는지 본인의 일상을 그려보면 어떨까' 하였다. 대답은 역시 머리를 끄덕인다. 종이와 연필 등 여러 가지 미술도구를 준비해 주었다. A4용지를 아홉 등분하여 여덟 칸에는 일상을 가운데는 자신의 미래를 표현해 볼 것을 설명하였다. 바로 그림을 마쳤다. 상징성 있는 간단한 그림을 그렸다.

그림을 받아 보는 순간 첫 느낌은 공포였다. 어둡고 웅크린 벌레가 나를 쳐다보고 있는 것만 같은 느낌에 무서움이 들었다. 하지만 찬찬히 살펴보니 그것은 벌레가 아닌 내담자가 작은 목소리로 대답한 평소 모습이었다. 이불로 몸을 꽁꽁 싸매고 웅크리고 누워 눈만 내놓고 있는 모습으로 이불 속에 몸을 말아 놓고도 불안하고 무서워서 벌벌 떨고 경계하는 모습이 그려졌다.

일어나 앉아 멍하니 컴퓨터 앞에 있거나 텔레비전을 보거나 핸드폰을 보는 모습, 그리고 다시 누워 하루를 보낸다. 그런데 텔레비전을 보는 뒷모습조차도 까맣게 색칠하여 세상과 단절되어 숨어 있고 싶은 마음이 느껴졌다. 좀 더 살펴보니 비어있는 밥그릇이 눈에 들어왔다. 밥은 생명의 상징이고 에너지의 원천인데 그릇이 비어있는 것은 생명에너지가 결핍된 상태라는 생각이 들었다. 그림에 누워 있는 모습에 음영이 져 있고 전반적인 그림의 분위기와 색이 어둡고 음산하였다. 꼭 웅크리고 의식 없이 형태로만 존재하는 것 같았다. 특히 검정색을 주로 사용하였다. 검정색의 부정적인 의미는 권태, 희망상실, 고독, 죽음, 정체, 슬픔, 공포, 우울증 등이 있다. 이러한 색의 의미는 내담자의 현재 심리상태와 같은 것처럼 느껴졌다.

내담자는 무척 우울하고 무기력하며 삶의 의지가 없는 상태일 것으로 생각되었다. 중앙에 인물을 '?'로 표현한 것은 자신에 대해 미래가 불확실하다고 생각하고 회피하고 싶은 마음이 크기 때문으로 보인다. 어떠한 이유인지 알 수는 없지만 현재 심리상태가 무척이나 우울하고 회피적이며 자아 상실의 상태인 것으로 생각되었다. 스스로를 안으로 안으로만 파고들어 자신의 아름다운 모습도 잊고 간신히 살아내고 있는 것 같아 무척이나 마음이 아팠다.

하지만 내담자는 상담실에 왔다. 그것은 내담자가 치유하고자 하는 의지가 있음을, 지금 이 상황에서 벗어나고 싶은 의지가 있음을 드러내는 것으로 생각해도 좋을 것이다. 우리는 스스로 회복하는 자기치유력이 모두 존재한다고 할 때, 내담자는 그 첫발을 내딛은 것이다. 그렇다면 상담자는 그것을 지지해 주고 내적 치유를 향한 항해에 동반자가 될 수 있어야 할 것이다. 그래서 때로는 부드럽게 이끌어 주기도 하고, 때로는 고통과 슬픔을 함께 느끼기도 할 것이다. 혼자 힘으로 가기 두렵고 어려울 때 상담자는 기다려 주고, 힘든 길에 옆에서 치유의 여정을 함께하여 치유의 과정을 성공적으로 마치게 되면 내담자는 진정한 나와 마주하게 될 것이다. 그러나 내담자가 이러한 상황에서 이상 징후나 위험을 보일 수 있어서 긴장의 끈을 놓지 않기 위해서 세심한 관찰을 해야 할 것이다. 심리적으로 우울과 불안이 크면 감정의 변화와 충동 또한 클 수 있으므로 내담자의 심리상태를 항상 면밀하고 예민하게 감지하여 변화과정을 파악해야 할 것 같다. 이러한 요소들이 조화롭고 적절하게 이루어진다면 치유 여정의 끝에서 우리는 웃을 수 있을 것이다.

네 번째 상담

내담자는 상담자를 살짝 쳐다본다. 반가워서 웃으며 "웰컴, 반가워요" 하고 맞았다. 그도 잠시 다시 또 눈을 내리깔고 머리로 가린다. 무엇을 마시겠는가 말을 걸었다. 싫다는 의사표시로 머리를 젓는다. 물을 한 컵 주고 상담자는 커피를 한 잔 가지고 와서 마주하고 앉는다. 침묵이 흐른다. 상담사가 지난 시간에 그린 그림을 언급하자 다시 나를 쳐다본다. 지난 일주일은 어떻게 지냈는지 물었더니 잠만 잤다고 한다. 이렇게 와 주어서 고마운데 그래도 이야기 좀 해보면 어떨까? 했더니 내담자가 반응을 보인다. 문장완성 검사에서 보였던 분노와 강한 트라우마가 있음과 성에 대한 생각에 문제가 있음을 느끼고 남자에 대한 감정과 성(sex)에 대한 경험을 조심스레 질문을 했을 때 없던 반응이 생각나서 그 부분을 건드려 보았다. 의외로 그 부분을 조금 큰 소리로 얼굴은 들지 않고 상담자를 의식하지도 않은 채 말을 한다.

「대학 졸업 후 숙식을 제공 는 중소기업에 취직을 하게 되었다. 아버지도 보기 싫고 해서 집에서 먼 곳이라는 것과 숙식제공에 마음이 끌려 면접을 거쳐 취업을 하였다. 사장이 젊고 남자 직원 몇 명과 여자는 본인만 근무하는 아주 작은 규모의 일터였다. 그래도 직장을 얻었다는 것과 자기가 할 수 있는 일을 하게 되었다는 것이 즐거움을 주었다. 두 달 정도가 지났는데도 사정이 어렵다고 봉급을 주지 않았으나 우선은 먹고 자는 것만이라도 해결되고 일도 힘들지 않아 크게 신경을 쓰지 않았다. 어느 날 밤 사장이 문을 두드려 열었더니 술 냄새가 나면서 할 얘기가 있다고 방에 들어가도 되냐고 물으면서 벌써 들어와 있었다. 손에는 소주 한 병이 들려 있었다. 급료가 밀려 미안하다고 하면서 술을 권한다. 술을 세 잔 정도 먹고 났더니 어지러웠다. 어지럽다고 하였더니 누워 있으라고 하면서 나를 눕혔다. 그 후에 발버둥 치고 거절하였지만 힘을 당할 수가 없었다. 처음에는 미안하다고 했지만 계속 찾아왔다. 몇 달이 지나 임신 사실을 알았고 그 사장은 병원에 데리고 가서 임신중절수술을 받게 했다. 그 후 사장의 얼굴을 보기가 싫어 집으로 내려간다고 하고 친구 집에서 조금 안정을 찾은 후 동생들이 자취하는 곳으로 내려와서 산부인과에 갔더니 수술이 잘못됐다고 다시 수술을 받게 하였다. 동생들에게는 생리불순으로 배가 아팠다고 거짓말을 하고 부모님께는 아무 말도 하지 말라고 하고 계속 잠만 잤다고 한다.」

내담자의 작은 목소리로 담담하게 하는 이야기를 다 듣고 상담자로서 할 말이 생각나지 않아 오늘은 여기서 마치자 말하고 내담자에게 어머니께는 말씀드렸냐고 물었다. 아니라는 대답대신 머리를 좌우로 흔들었다. 내담자에게 상담자도 어머니께는 본인의 허락 없이는 말을 안 하겠다고 약속하고 초기상담을 마쳤다. 내담자가 상담실을 나간 후 한참을 우울한 마음으로 생각에 잠겨있었다.

다섯 번째 상담

내담자의 문제를 듣고 지난 상담에서 이야기한 것이 아무런 의욕도 표정도 없이 상담을 받는 것의 원인임을 알게 되었다. 이러한 사실을 모르는 어머니는 매우 안타까워하며 빨리 정상생활을 할 수 있기를 바란다. 아버지 또한 집으로 돌아온 딸을 보고 무엇인가 사건이 일어난 것 같다며 신경을 많이 쓰고 있는 상태이다. 내담자는 현재 신경정신과 치료를 받고 있으며 정신과 의사의 진료결과로는 '잠속에 빠져서 정신적 육체적으로 위급한 상태'라는 진단을 받았다.

마치 죽음을 맞이한 사람처럼 지내고 있는 내담자를 위한 상담 목표를 늦은 감이 있지만 생각해 보았다.

- 미술치료를 통해 머릿속에서 지워버린 자신을 찾아주기
- 성폭력에서 받은 어려움과 트라우마에서 빠져 나올 수 있도록 돕는다.

- 스트레스 지수를 낮추어 자신을 찾기
- 잊어버린 언어 찾기

위와 같은 목표를 달성하기 위해서 다양한 방법을 응용해야 할 것 같다.

내담자는 정기 상담일(화요일)에 핏기가 없는 얼굴로 눈은 아래를 보며 본인의 이야기를 상담사에게 말한 것을 잊은 듯 전과 같은 분위기로 앉아 말을 하지 않는다. 대화가 없는 침묵하는 내담자보다 상담자가 더 힘들다. 다시 그림으로 대화의 창구를 열어 보아야겠다고 생각하고 '별과 파도'라는 미술기법을 설명하고 준비물을 가져다주었다. 내담자는 그림 그리는 것은 거부하지 않고 설명을 들으면 바로 시행한다.

「**별과 파도 검사 SWT(Star-Wave test):**

별과 파도 그림검사는 그림표현에 있어서 기본적인 3가지 요소인 형, 움직임, 공간사용법에 의해 파악된다. 별을 그리는 한 줄긋기의 필적은 대뇌 신피질의 뇌 기능과 관련된다. 한편, 파도를 그리는 흔들리는 동작을 나타내는 선은 작은 골(소뇌)에 있는 운동기능을 관할하는 부위와 관련된다고 한다. 공간사용법의 경우는 장방형의 테두리 안의 공간을 어떻게 사용하는가, 별과 파도를 어떻게 배치하는가에 따라 그 사람의 정신적인 면의 특징을 파악할 수 있다. 투사검사의 한 종류로 별과 파도나 기타 부가물(달이나 바위, 배 등)을 그리게 함으로써, 본인이 의식적으로 혹은 무의식적으로 느끼고 있는 긴장이나 개인적인 경향을 거기에 투사시킨다. 그래서 내담자의 무의식에 관한 정보나 실생활의 상태를 알 수 있다.」

내담자는 다 그린 그림을 내게 밀어 놓는다. 다시 A4 용지를 주고 그림의 내용을 적어보라고 하였다. 회지에 3/2를 검은 색으로 칠하고 노랑으로 여기 저기 별을 그린 후 오른쪽은 파랑으로 왼쪽은 모래 색으로 칠한다. "파도가 치지 않네?" "네" 간단한 대화가 끝났다.

내담자의 글

고요한 밤, 나는 배를 타고 떠나기로 마음먹었다.

이제야 이 섬을 떠난다.

친구와 헤어지는 건 슬프지만, 그래도 언젠가 꼭 다시 만날 테니

슬프지 않다고 생각 하려한다.

오늘따라 파도가 잔잔하다. 여행하기 딱 좋은 날이다.

섬에 있던 나무를 패서 만든 돛단배에,

친구와 함께 만든 닻을 달고 나는 여행을 떠난다.

조금 두렵지만,

밤하늘에 떠 있는 별들

그리고 북두칠성이 내게 길을 알려주고

나를 지켜줄 것이다.

별빛이 밤바다를 물들이고 내 마음을 물들이고

나는 그렇게 여정을 떠난다.

잘있어!

3/2를 검은색쪽으로 칠한 깜깜한 밤하늘을 보고 걱정했는데 노란 별빛, 친구와 함께 만든 닻, 북두칠성이 길 안내를 맡고, 별빛이 밤바다와 내 마음을 물들었다

는 표현에서 본인의 문제를 상담자에게 이야기한 것이 파도도 잔잔하고 친구와 함께 만든 닻을 달고 여정을 떠나는 조금은 안정된 마음이 아닌가라는 긍정 메시지로 생각해 볼 수 있는 위험한 분석을 해본다.

이는 모래놀이치료에서 무의식 뒤편에 쌓아둔 그림자를 똥으로 배설하면서 시원한 느낌을 갖는 상황과 비슷하지 않은가도 생각해 본다. 내담자를 밝은 곳으로 불러내는 작업에서 조금은 다가가고 있는 듯하여 치유의 여정을 기대해 본다.

여섯 번째 상담

내담자의 표정은 언제 밝아지려나?

오늘도 상담자를 쳐다보지도 않고 상담실로 들어온다. 변화가 있다면 순간 아주 빠르게 눈 맞춤을 한다는 것이다. 지난 시간에 과제를 주었다.

'밥 많이 먹기, 동네 산책하기, 거울보고 웃기' 세 가지를 하라고 주문을 걸어 보았다. 과연 어땠을까 과제 수행을 점검해 보고 싶었다.

상담자: 밥을 많이 먹자고 했는데? 그래야 나하고 큰소리로 이야기를 할 수 있
　　　　다고 했을 텐데
내담자: 조금 먹었어요.
상담자: 어머나 약속(약속은 일방적이었지만)을 지켰네! 거울을 아침과 저녁
　　　　하루에 두 번 보면서 웃는 약속은?
내담자: 그건 안 했어요. 거울 보는 것은 싫어서요.
상담자: 고맙다. 밥을 먹어서, 이 약속들은 계속 진행해 주면 좋겠어. 산책하면 여

러 가지 생각들이 파노라마처럼 스치고 지나가면서 정리를 할 수 있지.

거울은 보고 싶지가 않았을 것으로 생각하고 있었다. 거울을 보면서 웃는 것은 내 뒤에 있던 그림자가 햇빛으로 나왔을 때 자아와 자기가 만난 후가 되지 않을까?

오늘은 조그마한 소득이 있어 기분 좋은 날이다. 이렇게 조심스럽게 한발씩 나가면 될 것 같았다. 상담자가 욕심을 부리면 내담자는 바로 지쳐서 상담을 마치게 될 수도 있다. 대화를 위해서 미술작업은 필요하여 주제를 주었다.

미술주제를 내게 있어 '가장 중요한 것, 중요한 것, 버려도 되는 것'을 화지에 항아리 세 개 가 그려져 있는 종이를 주었다. 그 안에 그림으로, 색으로 표현하고 글로 써 보라고 주제문을 주었다. 항아리가 내담자 자체라고 생각할 수도 있을 것이다.

이번 주제에 대해서는 한참을 생각하면서 시간이 걸렸다.

가장 중요한 것에는 땅과 하늘을 그렸다. 하늘은 파란색, 하늘색, 보라색, 분홍색 동그라미로 색칠했다. 빨강(분홍)은 노을, 새벽의 보라, 밤. 아침이라는 간단한 설명도 곁들여져 있었다. 항아리 밑 부분은 노란색의 땅이 있었다. 가장 중요한 것이라고 표현하였지만 하늘의 색은 밝지 않고 우중충 해 보였다. 그리고 낮의 하늘은 없었다. 구체적이지 않고 색으로만 표현해 추상적이었다. 색들의 부정적인 의미를 본다면 진한파랑(남색)의 부정적인 뜻은 현실도피, 이는 자신의 내부의 대립, 갈등을 표현하고자 하고 있는 것으로 해석해 본다. 보라색은 우울, 불안정을, 분홍색 또한 불안을 의미하기도 한다. 노란색은 빛에 가까운 색으로 긍정적인 의미도 많지만 주의와 고독감의 부정적 뜻도 있다.

내담자의 마음이 이런 것은 아닐까. 지지가 약하고 스스로를 잃어버리면서 추상적인 나의 느낌만 남아 우울하고 무기력한 것을 표현한 것 같다. 땅과 하늘이 가장 중요했다는 내담자의 일상은 어땠을까. 지난번 대부분을 누워 보냈던 그림 속 내담자의 모습이 그려졌다. 지나친 상상일지도 모르지만 누워서 창밖으로 보이는 하늘을 보고 있었던 것은 아닐까. 하늘의 변화를 보면서 시간을 흘려보내지만 사실은 그곳으로 나가고 싶었던 것은 아닐까 하는 생각이 들었다. 그리고 나의 상처를 하늘과 땅은 알고 있다고 생각하고 있지는 않을까 하는 생각도 들었다.

하지만 그 안에는 하늘은 자유로움으로, 땅은 안정감과 포근함을 갖고 싶은 욕구를 색을 통해 풀어보고 있다고 느껴본다.

중요한 것은 심장이라고 표현하였다. 심장은 에너지의 원천이기도 하지만 상처를 받으면 피 흘리는 곳이기도 하다는 단순하게 작은 타원형으로 그렸다. 큰 자기 속에 피 흘리는 작고 움츠리고 있는 자기는 살아 있음을 보여주고 있는 듯 가슴이 먹먹해진다.

마지막 그림에서 **버려도 되는 것**은 어둠과 상처라고 표현하였다. 항아리 밑에 깔린 빨간색은 너무 아파 심장에서 피가 흘러 고인 것 같았다. 나의 근원과 맞닿아 있는 상처로 힘들고 아파서 벗어나고 싶어 하는 내담자의 마음이 느껴졌다. 아주 작지만 나를 의식하고 에너지를 쏟아 앞으로 나갈 힘을 내 보고 싶은 의지가 느껴지기도 했다.

항아리가 '내 안에 담긴 것'이라면 내담자 안에는 털어내지 못하고 내 안으로 곪아 들어가고 있는 상처가 있다. 그것이 내담자를 우울하고 고독하며 불안하게 만들고 있다. 그리고 스스로를 묶어두고 정체된 상태로 놓아 둔 것 같다. 하지만 그럼에도 내담자는 붉은 심장으로 자신의 생명력을 의식하고 있다. 그리고 아직은 어둡지만 하늘로 날아가고 싶고, 땅의 포근함과 안정을 기원하고 있는 것 같다. 상담자가 주목해야 할 것은 바로 이것이지 않을까. 힘든 내담자의 마음에서 긍정적이고 발전적인 면을 발견하는 것. 이를 통해 내담자가 앞으로 걸음을 내딛을 힘을 주어야 할 것이다.

지금의 내담자의 마음은 형체가 없이 느낌만 남아있는 것 같다. 하지만 점점 더 근원으로 다가가 구체적인 문제의 원인과 '나'와 마주하게 될 때, 그 과정은 괴롭기도 하고 도망가고 싶을지도 모르지만 이번 상담을 통해 진정한 나와 마주하고 극복 하게 될 것이다. 내담자는 이미 자신도 모르는 용기를 내어 변화를 불러일으켰다. 조금씩 자신을 드러내고 마주하기 시작한 것이다. 그리고 그 과정에 상담사가 함께 하면서 지지 해 주고 긍정적인 변화를 격려 해 주면서 같이 가며 힘들면 쉬어가는 곳에 함께 있어 줄 것이다.

그림을 보면서 긍정적으로 분석하고 내가 도울 수 있는 방향을 다시 한번 목표를 조율해 본다. 다섯 번째 상담에서 여행을 떠났으니 물결과 바람결에서 밝고 빛나는 하늘과 마주하게 되면, 내 안에 희망과 에너지가 가득 차 있는 항아리를 만나기를 기대해 본다.

일곱 번째 상담

입가에 미소인지 입 꼬리가 약간 올라가 있다. 인사를 대신하는 것 같다. 하루하루 발전하는 모습을 보인다. 그렇지만 말은 하지 않는다. 내 마음 편하게 원래 성격 자체도 말 수가 적고 표현력도 없는 것이 아닌가 하는 생각을 한다. 오늘도 상담사가 묻는다.

상담사: 일주일 동안 어떻게 지냈는지 이야기 해 볼까?

내담자: 그냥 있었어요.

상담사: 밖에 나가서 마트도 가고 걸어 보았는지?

내담자: 아니요(아주 작은 소리로)

대화를 이어 갈 수가 없다. 스스로 이야기를 시작한다는 것은 상담자의 기다림이 어디까지인지 오늘도 그림은 그리겠다고 하여 주제를 '말풍선'으로 하고 그림이 그려진 A4 용지와 파스텔, 연필 등 준비물을 주었다.

말풍선은 마음속에 감추어져 있는, 누군가에게 하고 싶은 글이나 이야기를 그림으로 표출할 수 있는 작업이다. 내담자는 종이를 보고 잠시 있더니 검정색 크레파스를 들고 인쇄된 그림 안에 검은색으로 가로세로 마구 칠한다. 단 한자의 글씨도 쓰지 않고 선처럼 가늘게 면을 채웠다. 4회기에서 상담자에게 내담자 본인의 이야기를 했었던 것이 아직은 스스로가 용서해서도 안 되는 사건을 쉽게 이야기한 것이 마음을 헝클어 놓았다고 생각하고 있는 것인지 해석이 어려웠다. 그 큰 말풍선이 까맣다. 내담자의 속이 그렇도록 까맣고 절망이기에 말이 필요하지 않다는 의사 표시인 것으로 생각해 보았다. 다행인 것이 미술이라는 매개체를 통해서라도 내담자의 마음을 읽을 수 있다는 점이 고마운 일이라는 생각이 들었다. 미술은 부담감 없이 주제에 맞는 표현을 해 주어 의사소통을 하고 있어서 정말 다행이다. 그림은 빨리 그리고 정확하게 생각을 그림으로 나타내어서 소통을 할 수 있는 채널로 이용하고 있다.

매체가 아닌 눈과 눈, 언어 대 언어로 의사소통이 이루어질 수 있도록 내담자의 모든 행동을 수용하고, 지지하면서 내담자가 마음의 상처를 치유할 수 있도록 많은 노력과 기다림으로 지켜 주어야겠다.

오늘은 미술과 병행했던 모래놀이치료를 하자고 하였다. 표정도 말도 없이 모래놀이치료실로 들어간다. 피규어가 진열된 장을 한참 관찰하다가 다리, 전화기, 하회탈을 잡은 후 모래상자 앞으로 왔다. 하회탈을 모래상자 중앙에 꾹 눌러 놓았다. 하회탈을 놓은 바로 위에 다리를 놓은 후 전화기를 놓고 다리 주변 모래를 손으로 긁어 다리 주변으로 모은다. 잠시 모래상자를 보고 마쳤다.

모래상자에 미니어처로 상황을 만들었다. 상담자가 이 상황을 스토리로 만들어 볼 것을 제안하였다. 목소리가 작아서 말로 표현하는 것보다 글이 편하지 않을까 싶어서 종이에 스토리를 적어 보자고 하자 종이를 받아들고 스토리를 적어 보았다.

"허허벌판에 다리 하나

조용한 전화기, 흘러갈 듯 말 듯 보고 있는 다리 밑 가면"

1회기, 2회기, 3회기, 4회기에 이어 이번 모래놀이도 제목은 없다고 하였다. 모래놀이 상황을 스토리를 적은 것이 짧은 문장이지만 시적인 표현으로 느껴졌다. 내담자에게 "시적인 표현이었다."라고 격려의 말을 하였다. 내가 지지하는 말이 내담자에게 진심이 전해지어 하나의 강점이 살아나는 좋은 계기가 되었으면 좋겠다는 생각이 들었다.

다리는 연결, 전화기는 소통을 상징한다. 탈은 주로 자신의 모습을 감추고자 할 때 사용하며, 하회탈은 웃고 있는 얼굴아래 감춰진 얼굴을 표현할 때를 의미하고 있다고 한다. 하회탈이 내담자로 느껴졌었고, 모래 중앙에 꾹 눌러 놓은 탈은 모래에 본인 스스로를 감추고 있는 의미가 아닐까 하는 생각이 들었다. 그 위에 다리를 놓고 전화기를 놓은 것으로 보아 소통을 하고자 하는 내담자의 욕구가 있는 것 같았다. 그러나 아직은 적극적으로 보이지는 않고 다리 밑에서 자신을 숨기고 있는 듯하며 내담자는 전화기를 통해 무얼 알리고 싶었는지 누구와 어떤 말을 하고 싶은지, 마주할 용기가 있는지 궁금하다. 내담자에게 용기 내는 힘이 필요할 것 같다.

다리 주변에 내담자가 모래를 손으로 긁은 것은 주변으로부터 자신의 세계를 구분 짓는 듯이 보이기도 한다. 점차 하회탈 뒤에 감춰두었던 자신이 표현하고 싶었던 부분을 표현하여 해소할 수 있도록 지속적으로 지원하는 것이 좋을 것 같았다. 내담자가 미술을 전공하여서 그림이나 글로써 표현할 수 있는 계기가 되는 활동을 제공해 점차 자신의 강점과 희망도 찾을 수 있도록 고려해보아야겠다.

아홉 번째 상담

지난 모래놀이에서 내담자는 탈을 다리 밑에 두었던 일이 신경이 쓰여서 오늘도 모래놀이실로 안내하였다. 내담자는 그림을 그리던지 모래놀이를 하던지 거부하지 않고 따른다. 표정도 말도 없는 것은 변화가 없다. 상담자도 같이 입을 다문다. 특히 모래놀이는 말이 필요로 하지 않기 때문에 상담자에게도 부담이 없는 치료 기법 중의 하나이다.

상자 안의 모래를 만지고 좌측에 있는 모래를 위에서 아래로 손으로 쓸어 봄. 모래상자 아랫부분을 왼쪽에서 오른쪽 끝까지 손으로 아래를 향해 꾹꾹 눌러봄.

모래상자 상단 및 전체적으로 모래를 꾹꾹 눌러보며 표면을 평평하게 고름. 모래놀이 피규어 장을 둘러보다가 독수리를 만져 보다가 제자리에 놓고, 검은 피라미드 두 개를 가져다가 상자 중앙에 사이를 띄어 놓고 검은 아오자이를 입은 베트남 인형 두 개를 상자 상단에 역시 거리를 두고 같은 위치에 놓음. 작은 집을 잡은 후 모래상자로 옴. 작은 집을 베트남 인형과 검은 피라미드 중앙 가운데 놓음. 다시 모래놀이 장을 둘러보다가 금빛 피라미드를 가지고 와서 하단 가운데에 놓았음.

상담자: 여기는 어디예요?

내담자: 여기는 바다예요.

상담자: 베트남 인형은 같은 사람인가 다른 사람인가요?

내담자: 같은 사람.

상담자: 집에는 누가 사는지?

내담자: 아무도 없는 집.

상담자: 바닷가에 두 사람과 집이 있네요?

6회기 모래놀이도 모래를 만지면서 시작하는 모습을 보였다. 매번 모래를 만지며 시작하는 모습으로 모래에 대한 거부반응은 없으나 약간은 모래를 거칠게 만지는 것처럼 보인다. 모래를 통해 내면이 평온한 모습보다 굴곡진 것을 표현한 것으로 보인다. 피규어 장을 천천히 둘러보며 여유를 가지고 고르는 모습을 보이고 있다. 다하고 난 후에도 뒤를 다시 돌아보다가 피라미드를 가지고 와서 놓고 마치며 신중하게 작업을 하고 있다는 느낌을 받았다.

전반적으로 나타난 색채는 지난 회기와 마찬가지로 검은색, 흰색, 금색으로 나타났다. 좌우, 상하 대칭적인 형태로 놓았다. 주로 무채색을 사용하는 경향을 보인다. 왼쪽은 검은색 오른쪽에는 갈색의 사람을 놓은 것으로 보아 미래에는 스스로 조금은 밝아지고자 하는 무의식을 표현한 것이라는 생각이 들었다. 집은 안전하고 보호받을 수 있는 공간이라고 생각되는데 가운데 있는 내담자의 집은 아직 작다. 주변에 피라미드를 집이라고 표현한 것은 내면에 여러 개의 집이 분리되어 있어서 하나로 통합되는 것이 필요할 것으로 보인다. 마음 깊은 곳에서 죽음을 상징하는 피라미드가 무겁게 누르고 있어서 가운데 자아로 가는 길목을 막고 있는 것은 아닌가 하는 생각이 든다.

열 번째 상담

오늘은 밝은 표정으로 들어선다. 처음부터 상담을 10회기로 약속을 하였기에 오늘로 상담을 마친다고 생각하여 얼굴도 들고 들어온 것 같아 좋아 보인다고 지지하는 말을 해주었다. "머리를 올리고 웃으니까 아주 예쁜 숙녀 같네!"라는 말을 듣더니 수줍은 듯 눈빛을 내린다. 모래놀이치료에서 집을 가져다 놓았기에 미래를 설계하기를 바라는 마음에서 마지막으로 소망나무를 그려보라고 인쇄된 그림을 주었다. 내담자는 검정색 색종이를 달라고 하여 주었다.

그려진 나무에 검정색 종이를 붙이고 밤에 떠 있는 달의 모양을 그리고 청색 크레파스로 달을 색칠했다.

나무를 바다에 잠겨 있는 상황을 설정하고 나무줄기를 검은 선으로 구불구불 아래로 그려 내려 갔다. 아직 온 몸으로 우울에서 벗어나지 못했다는 것을 보여주고 있다. 나무 옆에 사람이 검은 색으로 짙게 표현 되었다. 이것은 아마도 어렸을 때 아버지로부터 체벌 및 학대받았던 사람 일 수도 있고 직장에서 성추행당했던 사장일 수도 있다는 생각을 해 보았다.

　내담자는 아직 어둠 속에서 머물러 있다. 나무가 바다에 잠겨있는 그 뒤로 어두운 그림자의 사람이 지켜보고 있는 상황에서 벗어날 수 있도록 도움을 주고 싶다. 항상 상담자가 일방적으로 질문을 한다.

　그런데 오늘은 내담자가 입을 뗀다. 다음 주부터는 직장을 나가게 되었단다. 잘되었다고 반겨주었다. 신경정신과에서 단순 작업으로 책을 분리하는 것은 내담자에게 도움이 되는 일이라고 결정해 주었다고 얘기해 주어 오늘 했던 작업으로 모든 증상을 떠나보냈으면 하는 바램으로 축하해 주고 상담을 종결지었다.

　일주일 후 어머니가 오셨다. 감사해서 찾아왔다고 한다. 여기서는 어땠는지 모르겠지만 집에서는 말 수도 늘고 친구도 만나서 극장도 갔었다고 그동안 변화된 모습을 설명해 주었다. 내담자에 대한 놀라움과 고마움이 함께 마음을 감동시켰다. 상담하는 과정에서 그림과 모래상자에 우울과 문제를 쏟아 내어 상담자를 놀라게 함으로써 내담자는 치유가 되었다니 정말 다행이었다. 아쉬움은 상담자에게도 그렇게 변화된 모습을 보여줬다면 얼마나 좋았을까 생각해 보면서 어머니의 감사한 마음을 받은 것으로 대신하였다. 내담자가 변화를 보여 직장을 다닌다는 사실이다. 축하할 일은 취업을 하여 정상근무를 하고 있다는 것이었다. 내담자에게 고맙다는 말을 하고 싶었다.

　이렇게 큰 상처를 입은 경우 지속적으로 상담이 요구되는 사례이다.

　상담과정에서 내담자들로부터 '이제는 상담을 마치고 싶어요.'라는 종결의 말을 듣는 것이 일반적이다. 상담의 마지막 단계인 사회로의 복귀는 내담자의 상처받은 자아, 지배받던 자아가 사라지고 새롭게 자기가 형성되는 과정이다(문채련,

2017; 공저). 이 과정의 개인의 변화는 열려 있는 지역사회에 인간관계를 개선하고 현실 적용에 상담자가 진정한 고통과 어려움에서 자기조절이 가능하도록 도와주어야 함에도 내담자는 성급하게 사회로의 복귀를 선택하였다. 이것은 일상생활에 통합시키는 데 실패할 수가 있기 때문이다. 사례의 주인공인 내담자는 깊은 상처로 자아의 최종단계라고 인지하는 모순된 결정을 하지 않는 것이 중요하다.

비상하는 잉어

아내의 의심증

부부상담

상담 목표: 부부가 대화를 원만하게 소통할 수 있는 방법 모색

젊은 부부가 상담실을 찾았다. 사람 좋아 보이는 남편은 33살이고, 예쁘고 세련된 아내는 29살이다. 두 사람은 결혼 4개월 된 아직 아기가 없는 신혼부부이다. 부부간의 문제 해결에 전문가의 도움이 필요할 것 같아 인터넷에서 상담실을 찾아 부부간 상담받기로 합의를 하고 왔다고 한다.

상담자: 어서 오세요. 반갑습니다.

남편: 네, 처음 뵙겠습니다.

상담자: 신혼부부 같은데 무엇이 문제일까요?

남편: 너무 답답해서 왔습니다. 우리는 결혼 4개월 된 부부인데 의사소통이 안
　　　 돼서 다툼이 잦습니다.

아내는 유치원 교사로 근무하던 중 학부모(남편의 외숙모)의 소개로 평범한

회사원 남편을 만나서 두 사람은 7개월 정도 연애를 하고 결혼하게 된 케이스다. 이들은 이제 결혼한 지 4개월밖에 안 된 신혼부부이다. 상담자는 토라져서 얼굴을 돌리고 앉아 있는 부부에게 본인들의 입장을 글로 써 보겠는가 물었더니 좋다고 하여 종이와 펜을 주었다. 그리고 하고 싶은 이야기를 쓰도록 하였다. 서로에 대한 감정이 격할 때에는 말보다는 글로 쓰게 하여 차분히 한 번 더 생각할 수 있는 시간을 주는 것이 이곳에서의 다툼을 피할 수 있기 때문이다.

● **아내 입장**

- 낯선 곳으로 시집와서 친구도 없고 외로운데 매일 술을 먹고 늦게 온다고 하면 투정 부린다고 이해를 못 해 준다.
- 남편이 받아 줄 것으로 생각하고 '살기 힘들다.'고 말하면 화를 내면서 그러면 '이혼하자.'고 하여 협박하는 것 같아 두렵다. 나는 이혼하고 싶지 않다.
- 남편은 친구가 많고 직장 여자 동료와 카톡을 자주 한다.

● **남편 입장**

- 무엇이든지 내가 말을 하면 믿지를 못하고 의심부터 한다. 거기에 질린다.
- 집에 오면 편하게 두지를 않고 계속 짜증을 낸다.
- TV도 마음대로 볼 수가 없고, 쉽게 두지 않는다.
- 아내는 내 자존심을 건드리는 말을 하여 분노를 참지 못하고 폭발하게 된다.

결혼 4개월은 두 사람이 서로를 탐색하는 시기로 볼 수 있다. 탐색의 기간이 짧을 경우는 1년 정도이겠지만 서로를 알고 그중 누구 한 사람이 참을 수 있으려면 적어도 3년은 지나야 조율이 될 것이다. 상담자는 부부에게 유머로 조금씩 넘어가 주는 것이 필요할 것 같다고 이야기해 주고 상대방 입장이 되어 보는 것도 신혼부부가 서로의 인격을 존중하는 한 방법임을 말해 주었다.

두 사람에게 문장완성검사지를 주고 다음 회기에는 아내만 오는 것으로 했다.

아내상담

상담 목표: 남편의 사회생활을 이해하기

아내는 지난 시간에 처음 만난 것에 믿음이 갔는지 망설임 없이 남편이 집에서 하는 행동을 불평하고 투정 부리는 것처럼 말을 한다. 상담자는 약간의 추임새를 넣어 가며 이야기를 들어주고 그것에 대한 의견을 말해 주었다.

● **내담자(아내)의 이야기**

- 집에 오면 피곤하다고 하며 TV만 본다.
- 돈을 아끼고 저축을 하지 않고 다 쓰려고 한다.
- 비싼 뷔페를 일주일에 두 번 이상 가서 먹고, 술을 많이 먹는다.
- 내담자에게 돈을 안 쓴다고 짜증을 내고, 차를 바꿔 달라고 한다.
- 처갓집을 가지 않고 혼자 다녀오라고 한다.

내담자는 병설유치원 시간제 교사로 일하면서 한 달에 구십만 원 정도 월급을 받는다. 그 돈 중 일부를 몰래 저축하여 조금 모아 두었는데 그 돈을 자꾸 달라고 조른다. 내담자는 그 돈은 아기가 생기면 아기를 위해 쓰기 위해 저축을 하는데 절대로 줄 수 없다고 한다.

　상담자는 내담자에게 칭찬과 지지의 말을 먼저 해 준 다음 의견을 제시하였다. **첫째**, 봉급을 타는 날 먼저 기분 좋게 남편이 먹고 싶어 하는 밥을 사 주면 어떨까요. **둘째**, 돈을 조금 저축하는 것은 미래 육아에 대한 경비를 위해 아껴 저축한다는 얘기를 남편에게 이야기해 주면 어떨까요? **셋째**, 남편이 좋아하는 술을 집에서 같이 마시면서 음식을 만들어 주었으면 하는데 내담자 생각은? 내담자가 본인은 술을 못 먹는다고 말해서 술을 못 먹더라도 조금은 먹는 시늉을 하면서 분위기를 조성해 줘 보는 것이 좋을 듯하네요, 등을 열거해 보았다. 내담자는 순수하기 때문에 상담자의 의견을 받아들이기로 하였다. 또 남편에게 매달리는 식의 자세는 바람직하지 않음을 말해 주었다. 내담자는 본인이 남편을 더 좋아하고 있는 것 같아 남편이 '이혼하자.'라고 하면 가슴이 떨려서 매달리게 된다고 한다.

　그리고 남편이 힘들다고 말하는 것은 아내에게 '내 쉴 곳은 내 집, 당신뿐이야.' 하는 소리로 알아들으면 된다고 말해 주었다. 내담자는 상담실에 들어올 때와는 다르게 어깨도 펴고 표정도 밝아져서 돌아갔다.

» 제3회기

부부상담

상담 목표: 남편의 사회생활을 이해하기

부부는 밝은 얼굴로 연구실에 들어왔다. 그동안 어떻게 지냈는가 물었더니 싸움을 여러 차례 했다고 한다. 이유는 아내가 회사에서 회식이 있어서 술을 먹고 조금 늦게 집에 오면 너무 말을 험하게 한다고 한다. 지난 1회기에 부부에게 과제로 주었던 문장완성검사를 해 가지고 왔다.

· **남편**

행운이 나를 외면했을 때: **행복이 나에게 있다.**

내가 잊고 싶은 두려움은: **없다.**

· **아내**

행운이 나를 외면했을 때: **불행하다는 느낌이 들고 절망적이다.**

내가 잊고 싶은 두려움은: **죽음이 온다는 것.**

● 어린 시절 좌절 경험

·남편

실수를 하면 아버지에게 혼나거나 매를 맞았다. 그럴 때마다 내가 실수한 얘기를 들어주었으면 얼마나 좋을까 생각을 하곤 했다.

·아내

조용히 공부를 하거나 책을 보고 싶은데 부모님께서 TV를 크게 틀어 놓고 싸워서 시끄러웠다. 부모님의 싸움을 말리거나 귀를 막고 혼자 책을 읽었다.

문장완성검사에서 두 사람은 거의 일치한다고 할 정도로 내용이 비슷했다. 모든 문장을 긍정적으로 작성해 왔는데 두 사람이 싸움을 했다고 해서 조금 의아해했다. 두 사람 모두 어린 시절 아버지로부터 매 맞은 경험이 너무 많아서 조그마한 일에도 서로의 감정을 조절하지 못하고 문제를 일으키는 것이 아닌가 하고 생각해 보았다. 상담자는 아내에게는 험한 말은 삼가도록 말해 주고 싸움의 불씨를 먼저 붙이지 말 것을 부탁했다. 아내에게서 약속을 지키겠다는 다짐을 받고, 남편에게는 술을 먹고 집에 들어오는 횟수를 줄이고 가능하면 친구가 없는 아내를 혼자 오래 기다리지 않게 해 줄 것을 부탁해 보았다. 남편 역시 아내가 원하는 방향으로 약속을 잘 이행하겠다는 다짐을 하였다.

아내가 아직 아기가 없을 때 병설유치원 교사 임용고시를 준비하겠다고 하여 남편은 시험에 합격할 수 있도록 공부할 환경을 만들어 줄 것을 부탁하였다. 부부는 결혼 4개월 된 새신랑 새신부이다. 좋은 때임에도 그것을 즐기지 못하는 것이 안타깝기만 하다. 상담을 마치고 서로 마주 보고 웃으며 상담실을 나갔다.

부부상담

상담 목표: 부부의 가치관 설정

부부는 다정한 모습으로 상담자에게 인사하며 들어왔다.

내담자(남편): 안녕하세요.

상담자: 어서 오세요. 반갑습니다.

내담자(아내): 네, 안녕하셨어요(낮은 목소리로).

상담자: 오늘은 두 분이 같이 왔으니까 두 사람의 생각이 어떠한지 같은 주제
로 한번 각자 써 보도록 하겠어요. 괜찮겠어요?

부부가 동시에 대답을 하고 준비된 상담자가 준비한 A4 용지에 각자 주어진
문항에 쓰기 시작했다.

· **남편**

- 가장 중요한 것: 아내, 아버지, 어머니, 동생, 가족.

- 중요한 것: 아껴주고, 소중하게 여기고, 배려해 주는, 좋은 생각.

- 중요하지 않은 것: 없다.

· 아내

- 가장 중요한 것: 남편, 가족, 배려, 여유, 즐거운 마음, 아름다운 세상을 만족하며 사는 것.
- 중요한 것: 이해심, 생활에 필요한 돈을 벌고 잘 쓰는 것, 좋은 인간관계, 여행을 다니며 삶을 즐기는 것, 믿음, 정직함, 근면, 성실, 취미, 일, 정신력.
- 중요하지 않은 것: 싸움, 나쁜 말과 행동, 말로 다투는 것, 화내기.

부부는 지난주 상담을 마치고 돌아가던 중 다툼이 있어 남편이 상담자에게 전화를 걸어와 상담을 끝내겠다고 하였다. 그래서 걱정을 많이 했었는데 아무 일도 없었다는 듯 웃으며 들어왔다. 상담자가 "이렇게 와 줘서 고마워요!"라고 하며 맞이했다. 지난 일주일을 어떻게 지냈는가 물었더니 아주 잘 지냈다고 한다. 정말 고마웠다.

상담자는 두 사람이 쓴 결과물을 가지고 공통점을 찾아 이야기하였다. 가장 중요한 것에서 남편은 아내, 아내는 남편이라고 하였으며, 부부 모두 가족을 가장 소중하게 생각하고 있음을 확인할 수 있는 기회가 된 것이다. 이것은 서로의 마음을 알아볼 수 있는 좋은 계기로 볼 수 있다. 상담자는 부부에게 칭찬과 지지하는 말을 해 주고 프로그램을 통해 부부가 공통분모가 있다는 것에 만족해하는 모습에 안도하면서 덕담을 할 수 있어서 좋았다. 그리고 상담에 부부가 같이 온다는 것은 긍정적인 가능성이 있다는 것을 보여 주는 것이다.

아내상담

상담 목표: 아내 역할의 중요성

아내가 혼자 와서 남편이 출장을 갔다고 하였다. 내담자(아내)와의 상담 목표를 '아내 역할의 중요성'으로 설정하고 상담자는 아내가 남편에게 전화하고 집착하는 이유를 알고 싶었다. 이마고 프로그램을 실시해 보기로 하고 어린 시절의 좌절 경험과 좋았던 기억을 쓰고 그때에 느꼈던 감정을 써 보도록 하였다. 이것은 우리가 상담할 때 대화의 다른 부분을 이야기로 풀어 보기 위한 시도이다. 성장과정에서 어려웠던 뒷면의 이야기를 혼자 왔을 때 들어 보고자 하였다.

● **어린 시절의 좌절 경험 및 어린 시절의 좋은 기억 및 반응**

▣ **좌절감 및 반응**
· 친구와 다퉜을 때 부모님께서 스스로 알아서 해결해야 한다고 했을 때.
  - 혼자 해결할 수 없어서 친한 친구에게 속내를 털어놓고 위로를 받았다.
· 할머니 돌아가셨을 때 기숙사 생활을 하고 있다고 소식을 알려 주지 않았다.
  - 그냥 참다가 화가 나서 엄마한테 바로 알려 주지 않아서 화를 냈다.

■ 어린 시절의 좋은 기억 및 반응

· 초등학교 때 어머니가 주말마다 간식을 만들어 주셨다.

  - 따뜻하고 고마웠다.

· 할머니와 저녁마다 시골길을 걸으며 이야기 나누고, 가끔 마실을 갔다.

  - 즐겁고 포근했다.

· 가족과 함께 산에 올라가 김밥과 간식을 먹었던 기억과 초등학교 때여서 힘

  들다고 부모님께 투정을 부렸는데 지금 생각해 보면 좋은 기억이다.

  - 그립고 정겹다.

상큼한 새내기 주부, 새색시가 귀엽다. 지난 상담에서 부부가 매우 만족하며 집으로 돌아갔는데, 그 후 그 감정이 지속됐는지 여부가 궁금했다. 어떻게 지냈는가 물었더니 밝게 웃으며 "안 싸웠어요."라고 대답한다. 고맙다고 말하며 내담자에게 "말을 함부로 안 하고 골 부리지 않았다는 이야기네!"라고 칭찬 겸 지지해 주는 말을 해 주었다.

상담자는 내담자에게 부부는 신뢰가 깨어지면 회복하는 시간이 깨어질 때의 몇 배가 걸리며, 회복이 된다 하더라도 깨어지기 전과 같은 분위기가 되지 못하고 약간 어색할 수 있음을 말해 주었다. 둘이는 외출할 때 손을 잡고 다니는지를 물었다. 그렇게 한다고 하여 늙어서도 부부가 손잡고 다니는 모습은 아름다운 전경이라는 말을 해 주었다. 말씨도 곱게 하도록 노력하고 추석에 시부모님께도 잘해서 사랑받는 아내, 며느리가 됐으면 좋을 것 같다고 하였다.

내담자는 가볍게 질문에 답을 주었다. 더 깊은 대화는 차차 본인이 하고 싶을 때 듣기로 하고 일상적인 이야기를 하고 유치원 임용고시에 대한 준비를 어떻게 하고 있는지 남편이 어떻게 협조해 주는지를 들었다.

상담자가 3회기에 '부모님께서 TV를 크게 틀어 놓고 싸워서 시끄러웠다.'고 했던 기억이 나는데 혹시 부모님의 다툼이 내담자에게 영향을 미쳤는지를 물어보았다. 내담자는 이야기를 조심스럽게 시작하였다. 아버지는 다른 여자를 사귀고 어머니는 그 문제로 너무 심각하게 다투었다. 어린 본인은 두 분이 큰 소리로 싸우면서 물건을 부수고 던지고 엄마는 울면서 악을 쓰고 이러한 것들이 너무 무섭고 싫어서 친정과 멀리 떨어진 곳으로 시집와서 살게 된 원인이기도 하다고 한다. 상담자가 내담자에게 물었다. "지금은 부모님 사이가 좋으셔요?" "아니요. 지금 아버지는 또 다른 여자분과 따로 살고 계세요." 담담하게 말한다.

부부상담

상담 목표: 부부간 의사소통의 중요성과 존중감 인지

내담자들과 가벼운 인사를 하고 맞이하였다. 추석이 지났기에 아내에게 추석을 어떻게 보냈는가 물었다. 추석명절을 큰집에서 잘 보냈다고 한다. 결혼하고 처음 맞는 명절이라고 집안에서 많은 배려와 사랑을 해 주어서 편안하게 음식만 먹고 설거지도 못 하게 해서 새색시 노릇만 하고 즐거운 명절이었다고 한다.

두 사람이 상담을 신청하였다는 것은 하고 싶은 이야기가 많다는 의사 표현이라고 생각해서 부부에게 각자 하고 싶은 이야기를 적어 보자고 하였다. 두 사람은 상담자가 하자고 하면 거부하지 않고 잘 따라 준다.

· **남편이 아내에게**

- 믿어 주기, 질문하지 않기, 서로 사랑해 주자!

- 여보, 사랑해.

· **아내가 남편에게**

- 약속을 정할 때 서로 상의하고 미리 계획해서 정했으면 한다. 건강을 생각해서 술을 줄였으면 좋겠다.

- 외식이나 "고기반찬"은 일주일에 두 번 정도로 줄였으면 좋겠다.

- 다이어트를 해서 건강을 관리했으면 한다.

– 아침저녁으로 함께 산책을 하거나 운동을 하고 싶다.

　상담자는 두 사람이 적은 내용을 가지고 그 적은 내용의 답을 충분히 들어줄 수 있는 시간을 주고 서로 이야기하는 동안 상담자는 참가자 또는 경청자의 자세로 같이 들어주면서 때론 교통정리를 하면서 의사소통의 중요성을 말해 주었다. 그리고 상대의 의견을 존중하는 것의 필요성 및 존중감에 대해서도 의견을 나누었다. 두 사람은 서로를 이해하고 사랑한다는 의사표시로 마주 보고 웃었다.

　이렇게 단순한 작업을 부부는 상담실을 찾아 낯선 상담자의 프로그램에 따라서 인생의 길 찾기 게임을 하고 있다. 프로그램을 시작하기 전 상담자가 두 사람에게 오늘의 상담 목표는 '부부간 의사소통의 중요성과 서로의 존중감의 중요성 인지'라고 말하고 프로그램을 진행하였는데 상담을 마치면서 상담 시작 전에 상담자가 말한 목표에 도달했다고 칭찬하면서 박수를 세 번 치자고 하고 웃으며 마쳤다.

부부상담

상담 목표: 서로에게 신뢰와 사랑을

부부는 2주 만에 보게 되었다. 지난번에 약속이 맞지 않아 한 주를 띄었다가 만나게 되어 반가웠다. 두 사람은 너무 관계가 좋아졌고 진정으로 서로를 이해할 수 있게 됐다면서 상담을 마쳐도 될 것 같다고 한다. 다음 회기에 상담 소감문을 써 가지고 와서 마지막 회기를 하고 끝내기로 약속하였다. 두 사람의 모습이 사랑스럽고 좋아 보인다. 마지막으로 프로그램을 해 보자고 하여 발테그묘화 검사를 실시하였다. 두 사람의 사랑의 끈을 단단하게 해 줄 수 있다고 생각해서 프로그램을 실시하였는데 부부는 작업에 몰입하였다.

● 발테그묘화법

〈남편: LOVE 2018〉

〈아내: 신기한 나라의 리리〉

· 남편: LOVE 2018

- 어느 마을에 꽃처럼 아름다운 아가씨가 살고 있었어요…. 그 이름 ○○○!

수희는 화목한 집에서 사랑을 나누며 행복한 웃음을 지으며 살았어요.

과연 누구랑 함께여서 이렇게 행복하고 사랑스러울까요?

정답! '○○○'이란 사람이 옆에 있었죠~.

○○이는 ○○에게 외칩니다. "여보! 항상 사랑할게요~. ♡ 사랑해요~. ♡"

○○과 ○○는 행복하게 오래오래 살았답니다.

· 아내: 신기한 나라의 리리

- 아내는 '신기한 나라의 리리'라는 동화를 유아들에게 들려주기 좋은 순수
  한 이야기를 길게 썼다.

옛날 옛적에 '리리'라는 소녀가 살고 있었어요.

그 소녀는 밝고 명랑한 18세 소녀였답니다.

리리는 엄마와 토마토 요리를 맛있게 했어요.

그때 창밖을 보니 날씨도 좋고, 푸르른 나무들이 아름다워 보였죠.

그래서 리리는 엄마에게 "엄마, 우리 밖으로 나가요."라고 말했어요.

엄마는 "좋은 생각인걸." 하고 함께 나갈 준비를 했어요.

토마토 스프는 나중에 먹기로 하고 치킨과 삼각 김밥, 주스를 꺼내어 요기를 한 후 과녁에 화살 맞히기 게임을 했어요.

엄마와 리리는 즐거운 시간을 보내고 있었죠. 그런데 옆에서 지켜보던 토끼가 말을 걸었어요. "안녕, 난 말하는 토끼 루루야. 나도 함께하고 싶어. 그래도 되겠

니?" 엄마와 리리는 말하는 토끼를 바라보았죠. 그때 토끼가 외쳤어요.

"저길 봐. 개미가 먹이를 가지고 집으로 가고 있어."

엄마와 리리는 토끼와 개미를 관찰했어요.

정말 개미는 먹이를 가지고 집으로 가고 있었죠.

그때 아빠가 부르는 소리가 들렸어요.

"허허. 재미나게 놀이하고 있었구려~. 여보, 이제 저녁 먹을 시간이에요~."

아빠는 반짝반짝 빛나는 대머리를 뽐내며 환하게 웃으셨어요.

남편은 간결한 문장으로 아내를 사랑하는 마음을 확실하게 표현한 반면 아내는 그림에 따라 문장을 구성하다 보니 현실성이 조금 떨어져 보였다.

아내는 남편의 그림과 글을 보고 만족한 미소를 남편에게 보냈다.

상담자는 이 부부 같은 경우 서로 웃으면서 남편이 그림 내용을 이야기로 풀어 쓴 것을 읽고 상담자와 아내는 감동받아 박수를 보냈다. 이번 회기의 목표는 '서로에게 신뢰와 사랑을'로 한 것이 맞아 상담의 보람을 느끼게 해 주는 회기였다.

부부상담

상담 목표: 서로에게 신뢰와 사랑 형성하기

부부는 지난 회기에 부부관계가 좋아져서 상담을 마치고 싶다고 하여 상담 받은 소감을 써 올 것을 약속하고 마쳤는데, 부부는 웃으며 상담실에 들어왔지만 남편은 가슴이 조인다는 이야기를 한다.

아내는 "나를 사랑해?" 하고 묻는 습관이 다시 시작되어 제가 어떻게 말을 해야 할지 답답한 심경이라고 말한다. 아내는 남편이 스킨십을 잘 안 해 준다고 불평한다. 무엇이 문제인지를 들어 보았다. 아내는 남편이 집에 오면 자기와 놀아주지 않고 게임을 즐기고 술을 먹고 올 때도 있다고 한다. 남편 말에 의하면 집에 들어갈 때도 카톡으로 지금 들어간다는 메시지를 보내고 들어오라고 하는데 내 집에 들어오는데 꼭 그렇게 하고 들어와야 되는지 묻는다. 그리고 술은 회사에서 회식이 있을 때만 먹고 오는데 그것도 절제하면서 일찍 들어오는 편이라고 한다.

상담자는 두 사람이 미래를 생각해 볼 수 있는 기회를 주기 위해서 콜라주를 해 보도록 4절지와 잡지 등 콜라주에 필요한 준비물을 내어 주었다. 그리고 현재를 표현하고 반쪽은 본인들의 미래를 각각 나타내보라고 하였다.

● 콜라주

〈남편: 여보 사랑해〉

〈아내: 행복한 노후〉

· 남편: 여보 사랑해

 - 매일 얼굴 보며 웃자.

 - 시간은 되돌릴 수가 없기 때문에 순간을 행복하고 즐겁게.

 - 노후에는 전원주택에서 왕처럼 지내자.

· 아내: 행복한 노후

 - 감정 기복이 많은 현재의 모습.

 - 내 스스로 감정 조절을 하여 포근하고 따뜻한 아내가 되도록 노력할 것이다.

 - 노후에는 여유롭게 생활하는 행복한 부부이기를 바란다.

상담자는 아내에게 남편을 신뢰하고 스스로에게 자존감을 높일 수 있도록 노력하도록 할 것을 부탁하고, 남편에게는 아내가 남편을 너무 사랑하고 있기에 어리광을 부리고 있는 것이라고 말해 주었다.

콜라주에서 각자 자신들의 내면을 표출하였듯이 서로를 신뢰하고 사랑하여 노후를 여유롭고 행복하게 삶을 살겠다고 한 것으로 보아 상담 목표에 접근한 것으로 말할 수 있겠다. 그러나 남편이 가슴이 조인다고 한 것은 아내가 성장기에 친정아버지의 여자 편력으로 어머니가 받았던 고통이나 불안이 아버지와의 다툼으로 성장기에 있는 딸에게는 트라우마로 자리 잡은 것으로 보인다.

이로 인한 결과는 남편의 사랑을 의심하게 되고 또 확인하고, 퇴근이 조금만 늦어도 전화하고, 핸드폰을 점검하는 등 평범한 부부에게 일어나지 않는 증상들이 아내에게서 일어나고 있다는 것이다. 성장기에 부모의 환경이 딸의 결혼 생활에 이렇게 영향을 미치고 있다는 것을 친정 부모들은 모르고 있을 것이다. 아내는 남자는 바람을 피워서 아내를 불행하게 한다는 트라우마에 갇혀 있는 것으로 보인다. 아내에게 이러한 증상을 설명하여 스스로 그 상황을 인지하여 거기서 벗어날 수 있도록 도움을 주어야 할 것 같다. 이때 가장 중요한 역할을 할 사람은 상담자가 아니고 남편이다. 아내의 순수한 사랑을 인정하고 가슴이 조인다는 표현을 하지 않아야 할 것이다. 이 경우 남편은 인내와 사랑 그리고 아내를 이해하고 수용할 수 있는 폭넓은 가슴일 것이다.

아내상담

상담 목표: 스스로 신뢰와 사랑 인지하기

오늘 내담자(아내)가 혼자 왔다. 내담자 스스로 생각할 시간이 필요하다고 생각돼서 남편이 직장관계로 올 수 없는 날로 약속을 잡았다. 내담자에게 '나의 인생각본'을 써 보도록 하였다.

● 나의 인생각본

1. 당신의 인생의 드라마에 제목을 붙인다면, 그것을 무엇이라 하겠는가?
   - 노력하며 살면 복이 온다.

2. 당신의 인생의 드라마의 장르는 '희극, 비극, 멜로드라마, 모험 드라마, 메디컬 드라마, 액션 드라마, 기타' 어디에 속하는가? 그리고 그 이유는 무엇인가?
   - 멜로드라마로 사랑과 따뜻한 정이 있는 인생을 그려 가고 싶다.

3. 당신의 인생의 드라마에 대한 시청자는 어떤 반응을 보일 것이라 예상되는가?
   당신의 인생의 드라마에 시청자가 특정한 반응을 보일 것으로 예상되는 이유는?

- 안타까움을 느낄 것 같다. 특히 조심스러운 반응은 내가 어떤 일을 할 때 좀 더 신중히 결정하기를 바라면서 불안해할 것 같다. 불안해 보이는 이유는 내가 어떤 선택을 할 때, 생각은 많이 하지만 직관적으로 결정을 하고 후회를 많이 하기 때문이다.

4. 당신의 어린 시절 부모님이나 주변 사람들은 당신의 얼굴을 보고 어떤 이야기를 하였는가? 그리고 현재 당신의 이미지에 대해 어떻게 생각하는가?
- 어린 시절 나의 얼굴을 보면 착하고 순수해 보인다고 했다.
- 지금도 여전히 나를 보면 바를 것 같고 순수해 보인다고 할 것 같다.

5. 새롭게 인생 드라마를 쓴다면 어떻게 쓰고 싶은가?
- 힘차게 사는 현미. 따뜻한 가족 드라마로 행복하고 평범한 일상생활을 하면서 열정을 가지고 신나게 살아 보고 싶다.

상담자는 내담자가 30일 후 유치원 교사 임용고시가 있다고 하여 상담자가 자신감을 갖고 시험을 볼 수 있도록 용기를 주었다. 내담자는 여러 차례 떨어진 경험이 있어서 불안해하여 열심히 집중할 것을 다시 한번 부탁하고 격려해 주었다.

내담자는 '인생각본'에 표현한 것처럼 착하고 순수한 심성을 가진 사람이다. 멜로드라마 속의 주인공같이 일상을 사랑으로 행복하고 평범한 삶을 살기 위해서 노력하겠다고 썼다. 이렇게 열심히 노력하는 삶을 산다면 어린 시절에 겪었던 트라우마는 자연치유가 될 것으로 예측할 수 있겠다.

부부상담

상담 목표: 상담을 마치며, 미래 설계

부부는 상담에 성실하면서도 열심을 보였다. 처음 상담을 시작할 때 10회기까지 할 것을 약속했었다. 아직 아내와 상담에서 풀지 못한 아쉬움이 남아 있지만 처음 약속대로 종결하기 위해서 마지막 프로그램으로 나의 미래를 설계해 보자고 하였다. 부부는 항상 그랬듯이 긍정적으로 미래를 설계하였다.

● **나의 미래**

  · 부부의 미래 설계:
  - 1년 후 자녀 얻음.
  - 퇴직 후 창업(아내가 원하는 옷가게).
  - 20년 후 옷가게 정리하고, 여행 다니며 즐거운 노후를 즐길 것이다.

상담자는 지난 회기에 상담을 마치며 그동안 느꼈던 소감을 써 오도록 하는 과제를 주었다.

● 상담을 마치며(소감문)

· 남편: 서로 다른 사람이 만나 하나가 되기 위한 다툼을 상담을 통해서 저의 마음과 아내의 마음을 알아 가는 과정이 저에게는 큰 도움이 되었고 좋은 경험이었어요.

우리 부부는 항상 웃으며 사랑하는 모습으로 서로 아껴주는 부부가 되겠습니다.

· 아내: 상담을 신청했을 때 남편과 관계를 좋게 만들고 싶은 바람이 간절했다. 정말 화가 많이 난 상태였고, 그때는 감정이 많이 예민했었다. 선생님께서는 나를 차분한 마음으로 대해 주셨고 적절한 예를 들어 주시면서 남편의 입장과 내 입장을 자세히 이해시켜 주셨다. 정말 선생님이 의지가 많이 되었고 도움이 많이 되어 아주 좋은 상태가 되었다. 하지만 가끔 욱하는 감정은 쉽게 나아지지 않는 것 같다.

나의 감정 조절이 참 어렵게 느껴진다. 이러한 근본 문제는 해결되지 않아서 걱정이 된다. 그러나 나의 마음을 평정심을 잘 유지하고 싶다. 그렇게 하기 위해 끊임없이 노력해야겠다.

상담을 하는 동안 시간을 잘 지키고, 부부 모두 성실함을 보여 준 것에 대해 감사함을 표시하였다. 상담을 마치면서 하고 싶은 말이 있는지 각자 할 수 있도록 시간을 주었다. 상담자가 하고 싶은 이야기를 하라고 말하자 남편은 아내의 [의심병]이 "어떻게 하면 없어질까요?"라고 묻는다. 아내를 위해서도 꼭 고치고 싶다고 하였다.

아내에게 이것은 성장과정에서 겪은 것이기 때문에 아내는 삶의 소중한 행복을 목적으로 노력하겠다고 스스로 생각하고 있는 것을 명상을 통해 자기를 정화

할 것을 권하며, 남편에게 아내가 자랐던 환경을 이해와 사랑으로 감싸 안으라고 조언해 주었다. 아내가 근본적인 '욱'하는 부분도 스스로 시간이 걸려서라도 해결해야 할 과제라고 말해 주었다.

아내는 상담자의 조언과 남편이 걱정하는 부분을 이해할 것 같다며 긍정적으로 받아들였다. 남편 말대로 항상 웃으며 사랑하는 모습으로 사는 부부가 되겠다는 다짐을 들으며 상담을 마무리하였다.

배우자들이 자신의 인생 가운데 존재하는 목적과 의도를 가지고 서로에 대한 연대를 발견하기 위한 노력 속에서 서로를 인식할 수 있도록 그들을 도와 그들이 가지고 있는 가치와 신념 안에서 어떻게 서로가 의사소통을 할 수 있는지에 대한 감각을 발전시켜 나간다(Michael, 최민수 역, 2012).

두 사람은 서로를 발견하려는 노력이 다소 부족함을 보였다. 아내는 남편을 기다리는 조바심과 의심증에서 벗어나지 못하였으며, 남편은 아내의 마음을 읽지 못하여 의사소통에 어려움이 있었다.

그것은 흔히 신혼에서 겪는 결혼 초반의 과정이다. 각각의 문화에서 성장한 배경과 너와 내가 다름을 알아 가는 시기임을 인지하지 못한 결과로 볼 수 있다. 남편은 아내가 겪은 아동기 트라우마를 이해하고 정서적·심리적 동반자가 되어 줄 수 있을 때 두 사람의 갈등은 해결될 수 있을 것으로 본다.

● 추후 상담(1회)

아내상담

상담 목표: 남편을 이해하기

상담종료 후 6개월 후 마지막 상담에서 남편은 아내의 [의심병]이 "어떻게 하면 없어질까요?"라고 물었고, 아내는 '나의 감정 조절이 참 어렵게 느껴진다. 우리 부부의 근본 문제는 해결되지 않아서 걱정이 된다.'라는 마지막 메시지가 추가 상담을 하게 된 동기이다.

● 내담자의 이야기

- 남편이 스킨십을 안 한다.
- 시댁에도 혼자 간다.
- 결혼 예물을 제대로 못 받았다고 한다. 예로, 옷 한 벌도 못 받았다.
- 말다툼을 할 경우 이 집은 내 집이니까 나가라고 한다.
- 아기를 천천히 갖겠다고 하며, 기분이 상하면 이혼하자고 한다. 등등.

내담자(아내)는 병설유치원 시간제 교사로 3월부터 출근할 예정이라고 한다. 남편은 그동안 모아 두었던 돈은 다 써 버려서 돈을 벌어야 한다고 하면서 내담자보고 돈을 벌어서 외제차를 사 달라고 한다며 어이없어한다. 무엇인가 본인을 속이는 것 같다며 시댁에서도 내담자를 완전한 식구로 생각하지 않는 것 같다고 한다.

상담자는 내담자에게 위로의 말을 건넸다. 시댁에는 배우자가 데리고 가지 않더라도 본인이 시어른들께 먼저 전화하고 찾아뵙고 하면서 가족의 분위기를 스스로 만드는 것이 어떻겠는가 물었다. 남편 말이 그렇게 하게 되면 우리 부모님이 신경 쓰셔야 되니까 그러지 말라고 해서 마음대로 하지 못하고 있단다. 구정에 친정에 갈 것인가 물었더니 친정아버지가 다른 여자와 살고 있어서 엄마는 여행 갈 것이라고 올 것도 없다고 해서 고민이 많다고 한다. 우리 부모님을 상담 받게 하고 싶은데 이곳까지 오는 것도 어렵고 또 상담 받을 것 같지 않아서 고민이 많다고 한다. 지난달 아버지 생신에도 식당에서 만났는데 두 분이 서로 외면하고 있어서 남편에게 안 좋은 인상만 갖게 해 줘서 자존심이 상했다고 한다. 내담자는 어려운 사정이 한두 가지가 아니어서 상담이 더 필요한데 남편이 동의할 것 같지 않다고 하며 얼굴에 근심이 가득하다.

아내의 말에 의하면 이 부부는 매우 심각한 상태로 볼 수 있다. 상담할 당시 남편의 태도는 매우 긍정적이며 프로그램에 적극적으로 참여하여 칭찬과 지지를 해 주었는데 그 행동이 가식이었다는 것인가? 상담자는 아내의 '남편을 의심하는 태도'만을 변화시키기 위한 상담에 포커스를 맞추었건만 추후 상담에서 의외의 사실을 알게 되었다. 내담자의 심적 고통을 덜어 줄 방법을 모색하여 상담하기 위해 다음에는 남편과 같이 올 것을 부탁하고 내담자를 위로하며 보냈다.

● 추후 상담(2회)

부부상담

상담 목표: 서로에게 신뢰와 사랑의 재점검

부부는 나란히 들어왔다. 상담자는 지난번에 아내에게서 들었던 이야기부터 시작을 했다. 남편은 자기의 고충을 털어놓았다. 아내가 남편이 일주일에 한 번만 잠자리를 하자고 했다는 이야기를 했더니, 어떤 날은 하루에 두 번씩 잠자리를 요구하는데 질린다고 한다.

● 남편이 말하는 아내의 의심병

- 다른 여자를 사랑할까 봐 노심초사 의심을 한다.
- 친구들과 얘기를 해도 자기와만 얘기하라고 이야기 내용을 꼬치꼬치 묻는다.
- 직장 회식, 동창 모임도 여자가 있다고 참석을 전혀 못 하게 한다.
- 어머니가 소고기를 사 주셨는데 아내는 왜 사 주셨는지 묻는다.

● 부부간 대화

· 남편:

- 아내는 내가 회사에서 퇴근해서 피곤할 경우 조금 쉬려고 하고 스킨십만 조금 안 해도, 날 사랑하지 않는구나.
- 직장에 전화했을 경우 바로 받지 않을 경우, 누구와 뭣 하느라 내 전화를 바로 받지 않았냐고 하면서 사랑하지 않는다고 화를 내고 소리 지른다.
- 잠도 제대로 자지 못하게 하며 밤새 괴롭힌다.

· 아내:

- 다른 사람 얘기는 잘 들어주면서 내가 얘기하면 됐다고 그만하라고 해서 화가 난다.
- 내가 소리 지르면 남편은 더 큰 소리를 지른다.
- 연애할 때는 뽀뽀도 많이 했는데 지금은 뽀뽀도 안 한다.

상담자는 부부는 아직 결혼 1년도 안 된 신혼부부이고 30대 혈기 왕성한 청년들이라 아내는 지극히 정상이라는 말을 해 주었다. 아내가 아기를 갖게 되면 조금 나아질 텐데 아기를 좀 더 있다가 갖자고 했다는데 이유를 물었다. 남편은 지금도 이렇게 의심을 하고 힘들게 하는데 임신을 하면 어떨지 너무 뻔한 것 같아 무서워서 아기 갖는 것을 좀 더 미루자고 했다고 한다. 아내에게 의견을 물었더니 임신을 하면 남편이 더 잘해 줘야 하는 것은 당연한데 이렇게 핑계를 될 것 같아 자기도 미루겠다고 답한다.

상담자는 두 사람에게 마지막으로 생애 방패라는 프로그램을 해 보도록 하였다.

● 생애 방패

· 남편:

1. 소중한 나를 지켜 주는 것들(나를 나이게끔 하는 것들)

   - 가족(본가, 처가), 아내.

2. 내가 좌절했을 때 도움을 준 이들

   - 부모님과 친구들.

3. 아픔을 겪는 이들을 도운 기억은?

   - 어려운 사람들의 얘기를 들어주었다.

4. 나는 무엇을 얻기를 바라거나 얻었는가?

   - 행복을 바라고 행복을 얻었다.

5. 내 사랑의 점수(100점 만점)를 매겨보십시오! 그 이유는 무엇입니까?

   - 100점, 사랑하는 아내와 함께할 수 있어요~.

6. 나에게 있어 이웃은 누구인가? 나는 이웃에게 누구인가?

   - 가족, 친가, 처가.

7. 내가 실천하고자 하는 삶의 좌우명을 쓰세요!

   - 긍정적인 사고방식, 즐겁게~ 신나게~.

· 아내:

1. 소중한 나를 지켜 주는 것들(나를 나이게끔 하는 것들)

   - 가족, 친구, 사랑하는 사람들.

2. 내가 좌절했을 때 도움을 준 이들

   - 부모님, 친구, 직장동료.

3. 아픔을 겪는 이들을 도운 기억은?

　- 자원봉사활동을 통해 장애우들을 도움.

4. 나는 무엇을 얻기를 바라거나 얻었는가?

　- 봉사활동을 통해 장애우들과 친밀한 감정을 나누면서 행복감을 느꼈다.

5. 내 사랑의 점수(100점 만점)를 매겨보십시오! 그 이유는 무엇입니까?

　- 90점, 앞으로 사랑을 쌓아 가고 싶어서 90점만큼 사랑의 점수를 매겨봄.

6. 나에게 있어 이웃은 누구인가? 나는 이웃에게 누구인가?

　- 이웃이 없다.

7. 내가 실천하고자 하는 삶의 좌우명을 쓰세요!

　- 행복한 가정을 꾸리자.

두 사람의 생각은 비슷함을 보았다. 그러나 남편은 각 문항에 답은 아내의 말과는 다른 정답만을 썼다. 부부간 대화에서 보여 주었던 내용과는 너무 다르다. 생애 방패에서 표현한 대로라면 상담자는 걱정할 것이 없겠지만 아내의 심정을 헤아리기가 어렵게 느껴졌다.

상담자는 두 사람의 생애 방패를 본 후 어떻게 이야기해 줘야 상담자의 역할을 다할 것인가 내심 고민스러웠다. 그러나 부부간 이야기가 그들의 문제인 것으로 유추하여 상담자의 의견을 말해 주었다.

부부는 서로 조율하며, 양보하고, 존중하면서 상대의 감정을 이해하는 노력이 필요함을 말해 주었다. 이러한 노력이 전제되어야 진정으로 행복한 가정을 이룰 수 있을 것이라고 얘기해 주었다.

남편은 오늘로 상담을 마무리 짓겠다고 하여 그렇게 하기로 하고 부부의 행복한 미래를 위해 덕담을 나누고 추후 상담을 마쳤다. 아내는 아쉬움을 뒤로하고 상담실을 나갔다. 남편의 태도는 상담자에게 많은 걱정을 남기고 떠났다.

상담자들은 부부들이 상담실에 가지고 오는 그들의 기대에 대해서 상처를 받을 수 있을 뿐만 아니라 부부관계 상담에서 그들의 소망에 대하여 부담을 받을 수도 있다. 상담자들은 의사소통의 다양한 형식들 가운데 부부가 처해 있는 위치와 이러한 형식들 속에서 간격을 줄여 나갈 수 있도록 부부를 돕기 위한 책임감을 경험한다(Michael, 최민수 역, 2012).

상담자는 위에서 말한 내용처럼 부부가 처해 있는 위치와 이러한 형식들 속에서 간격을 줄여 나갈 수 있도록 부부를 돕기 위한 책임감 있는 상담을 했다고 생각했다. 그런데 아내가 트라우마 속에서 나오지 못한 상태로 남편을 의심하고 힘들게 하여 남편이 가슴이 조여드는 것 같다는 표현을 하고 있다. 또한 남편은 그러한 아내를 사랑으로 감싸야 함에도 아내를 이해하지 못하고 부정적인 생각만을 한다. 상담자로서 한계를 느끼며 이러한 부부에게 어떻게 도움을 주어서 부부의 간격을 좁힐 수 있을까 고민하면서 상담에 대한 연구를 지속적으로 해야 할 것 같다는 생각을 해 본다.

참고문헌

김정규(2015). 게슈탈트 심리치료. 서울: 학지사.

문채련, 이현주(2015). 미술치료와 교류분석. 경기 파주: 양서원.

백영훈(2012). NLP 이론과 실제. 경기도: 이담북스.

David Denborough(2020). 트라우마 이야기. 이경욱·유은주·김민화·신정식 역. 서울: 학지사.

Eric Berne(2010). 심리게임. 조혜정 역. 서울: 교양인.

Michael White(2012). 부부치료와 갈등해결을 위한 이야기치료. 최민수 역. 서울: 학지사.

Peter A. levine(2019). 트라우마 치유. 서주희 역. 서울: 학지사.

Philip Miller(2010). 만화로 보는 NLP. 김영순 역. 서울: 학지사.

Rick Brown(2011). 이마고 부부관계치료. 오제은 역. 서울: 학지사.

트라우마에 갇힌 사람들

초판인쇄 2021년 3월 10일
초판발행 2021년 3월 10일

지은이 문채련
펴낸이 채종준
펴낸곳 한국학술정보 (주)
주소 경기도 파주시 회동길 230 (문발동)
전화 031 908 3181(대표)
팩스 031 908 3189
홈페이지 http://ebook.kstudy.com
E-mail 출판사업부 publish@kstudy.com
등록 제일산-115호(2000. 6. 19)

ISBN 979-11-6603-353-7 93370